日本料理 龍吟《りゅうぎん》

Japanese Cuisine Ryu Gin

山本征治

高橋書店

日本料理　龍吟　目次

理を料る。

「理《ことわり》を料《はか》る」。これは、北大路魯山人《きたおおじろさんじん》の言葉だと記憶しています。

単純においしければいいのではない。素材を、切ったり火を通したりして、何かしらおいしく加工することだけが料理ではないのです。なぜそうするのか、それ以上に、できることはないのか、そうすることがほんとうに正しいのか、などと、素材と対峙《たいじ》して自問自答しながら、それに対する「感覚だけではない」明確な理論をもってして、だから私はこうするのだ、このような方法をとっているのだ……という、その根拠を突き詰めた「理」がなければ、「料理」とは言えません。

　師匠がこうしていたから、あるいは本に書いてあったからと、そのまましたのでは、いつまでたっても「理」を見出すことはできません。オリジナルを生み出していくために、もっとも大切なことは「理を料る」ことです。なぜそうするのか、という明確な理論をもつこと。素材と対峙《たいじ》しながら自分なりの答えを導き出すこと。それができれば、必ず、自分の料理の世界を切り拓《ひら》いていけると思います。

　たとえば、ここに「きゅうり」があった。これ、料理ですか？　それは料理ではなく素材です。半分に切りました。それなら料理ですか？　半分に切っただけでは、まったく料理ではありません。では、どうすれば料理になるのですか？　この「きゅうり」は今朝とれたてで、ほんとうに瑞々《みずみず》しく、果物のようにおいしいものだから、あえて半分に切ったものを、じかにさわって、手で持って、真ん中の瑞々しいところから、あなたにかじってもらいたい。そしてその触感とか質感も味わってもらいたいのです。だから、私は半分に切っただけの状態の「きゅうり」を、あなたに差し出したのですよ……となると、それは「理を料った」ことになる。

　そういう、思いをもって伝えようとする行為が、料理になるのです。やっていることは同じでも、「理」があるのか、ないのか、で、料理になるかどうかが決まる。実は、これは精神的なもので、日本料理ではその精神性が非常に重要な部分を占めます。日本料理というのは、まず自分自身にこうした精神が宿っていなければならない。

　おいしいものを作って、そのお皿を出したという行為だけでは、そう簡単に料理の「理」は「料」れないのです。

えび・いも

いせえび【spring lobster】 かしらいも【kashira taro】

「伊勢えびの具足煮」をレアでいきいきと。

「伊勢えびの具足煮」は、みなさんよくご存じかと思います。伊勢えびの身を炊いた贅《ぜい》沢《たく》な料理ですが、せっかくの鮮度を生かし、炊いていない具足煮を考えてみました。

まず、伊勢えびを生きたまま、曲がらないよう丸ごと揚げます。200℃の油でさっと。殻と皮の間にある香ばしさをまとわせるためなので、時間はせいぜい40秒程度です。揚がったら頭をはずす。身のほうはディッシュウォーマーの中で休ませます。このとき、中はまだ生の状態。休ませている間に、頭を4つに割って、殻ごと鍋に入れます。中のコライユ[*1]はまだ生です。ここに、酒と干しえび[*2]のだしを入れて煮ていきます。

途中、すりこ木でトントンと叩いて軽くつぶしながら炊きあげます。叩きつぶすのではありません。あくまで軽く。脂分と香ばしさがだしに移ったところで、コライユをかき出し、頭を取り除いて、白みそを溶き入れます。

味つけは、白みその味わいそのまま。ここに、休ませておいた身を殻ごと縦半分に割ってくぐらせ、頭《かしら》いもとともに盛りつけます。

伊勢えびや白みそコライユとともに口の中に広がっていく状態を味わっていただく。そこにこの料理の価値があります。

*1 サンゴ色をした伊勢えびなどのミソのこと。
*2 水出しをしたもの。
*3 干し口子のこと。なまこの卵巣に塩をして干しあげた高級珍味。

頭いもは箸で持つこともかなわないくらい、軟らかく炊いてあるのですが、見た目はエッジが立っていて硬そうに見える。そんなふうに仕上げます。ばちこ[*3]は焼かずに細く切り、束にして三つ葉で留め、香ばしさではなく、熟成したうまみだけを添えます。頭いもの、箸がのめり込むような軟らかさ、それが

豆牡蠣ご飯

まめがき【virgin oyster】

ご飯と具の一体感こそ炊き込みご飯の醍醐味。

海水の塩分濃度が非常に高い海域、広島県大黒神島《おおくろかみじま》産のヴァージンオイスター*1は、生でもおいしい小指の先ほどの極小かき。

どんなかきご飯がおいしいのか……。私にとっての究極は、ご飯とかきを一緒にかき込めること。だから、このかきと出合ったときは「これだ！」と確信したものです。

ご飯を炊くだしは煮鮑《にあわび》の汁。煮鮑を作る際にとれる煮汁を煮詰めた中で、かきをからめるようにさっと煮ます。土鍋で普通にご飯を炊いて、蒸らすときにそのかきを広げ、たっぷりのスナップえんどうの「若豆」*2と花山椒《はなざんしょう》を散らして蓋《ふた》をします。

かきのぷるんとした食感とミルキーな味わい、豆がぷちんと弾ける香り、花山椒の刺激。まさに出合いといえます。そして、ご飯には鮑のうまみと香りが凝縮している。これらを一体化して食べることに意味があります。鮑のコクと米、かき、豆、花山椒が、同時に咀嚼《そしゃく》されて伝わっていく。それを表現したかったのです。

さあ、スプーンでどうぞ。

*1 広島県指定清浄海域の大黒神島深浦のかき筏《いかだ》で作られているもの。生後3～5か月の、まだ卵を持ったことがないかきのこと。1粒3グラムほど。濃厚な味わいだ。

*2 まだ豆として体をなさない、いわば赤ちゃん豆。中に水分をしっかりと抱えている。さやから取り出し、ゆでて用いる。豆というより果物のよう。

鯛かぶら

たい【sea bream】

「鯛かぶら」を煮物ではなく、お向仕立てで。

聖護院《しょうごいん》かぶらがおいしくなった頃、鯛《たい》にまだ香りがある時期に作りたくなる一品。「鯛かぶら」といえば、アラのうまみをかぶにじっくりと含ませ、鯛とともにかぶをおいしくいただく料理です。それを遊び心を込めて、お向《むこう》仕立てにしてみました。

まず、鯛のお造りを切り出して、昆布醤油*1で軽く「漬け」にします。味がまわったら引き上げてざるにあげておくと、表面が昆布じめにしたみたいにねっとりしてきます。鯛は昆布じめにすると、どうしても脱水する。それを避けるため、朝じめの「いかった*2」身を2分ぐらい昆布醤油につけるのです。

一方、かぶはすりおろして水けをきり、柚子と三つ葉のおひたしを加えて軽く塩味をつける。それを寿司のシャリのようにまとめて鯛をのせ、わさびをのせて上に塩昆布を2本。これを、にぎりを食べるように一口で召しあがっていただきます。鯛には醤油味がのり、かぶには塩味とかぶ自体の甘みがバランスよく合わさっています。すべてを、ア・ラ・ミニッツで仕上げる。鯛も聖護院かぶらもいい状態でないと、作る意味がないものです。

*1 鰹節《かつおぶし》と昆布のだしの中に追い昆布をして、しっかり昆布の香りを移しただしで、醤油を割ったもの。

*2 死後硬直が始まる前のぷりぷりの状態。

わら燻鰹

かつお【striped tuna】

血をうまみに変える「わら」の力に感謝。

鰹《かつお》はなぜおいしいのか。同じ赤身のまぐろよりも血の味がする。まぐろは血抜きの必要がありますが、鰹は血の味がおいしいから抜く必要がありません。わらを燻《いぶ》すことで、血の酸味や鉄分がうまみに変わる。これは先人たちが考えてくれた技術です。

自分にとっての理想の「鰹のたたき」とは何か。皮はパリッと焼き、身はわらで燻してうまみを引き出したい。問題は、鰹は皮と身のバランスが悪く、皮に対して身が多すぎる点でした。そこで、さくにおろした鰹の天身を取り除き、おいしいバランスに調整します。この状態で塩をし、冷蔵庫でキンキンに冷やしてなじませる。それから、串を打って「おいしい火」*1で焼きます。

皮目にプスプスと穴を開けておき、まず、皮目から焼きます。炭から上る火は高温の乾いた火。パリッと焼けます。鰹は冷えていますから、身のほうに熱が伝わるのが遅い。20秒ぐらい火をあてるだけなのですが、火をあてた途端、脂がダッと落ちます。その脂がジュワジュワッと皮を覆う。そこに、下から裸の火があたるので一気に焼ける。自分の脂で皮を揚げているような感じです。でも、身側は完全に生の状態。それをわらで燻します。*2わら缶に炭を入れてわらをかぶせ、煙がきているところに串を打ったままの身を、身側を下にして入れ、蓋《ふた》をしてスモークします。空気を遮断した状態で出る白い煙は「おいしい煙」。この煙をまとった鰹は、醤油やポン酢を必要としない。最初に浸透している塩だけで十分なのです。また、身に火が入りすぎないよう氷水で急冷するやり方がポピュラーですが、私はそうしません。せっかく溶け出したおいしい脂を水に流したくないからです。

先人たちが考えた鰹のたたき。その知恵をお借りして、自分の思う究極の味を追求する。「私たちもほんとうはこんなふうにしたかったんだよ」。そう、先人たちに言ってもらえるたたきを作りたいのです。焼きたて、燻したての温かい状態でお出しします。辛子を添えて味のめりはりを加え、みょうがとねぎを口直しに添えます。

*1 火にも実は味がある。炭を井桁《いげた》に組んで、真っ赤になるまで上から思いきり酸素を送ってパッとやめると、炭からぼーっと火が立ち上る。この裸火がおいしい火。
*2 わらで燻す際に使う蓋つきの缶。効率よくスモークできる仕組み。

桜えびご飯

さくらえび【sakura shrimp】

桜えびもえび。
えびの魅力を最大限に表現する。

桜えびというと、香ばしさを味わうもの、と思っている方が多いかもしれません。でも、生だと甘い。揚げると香ばしい。いろいろな表情に操れる素材といえます。香ばしい殻、甘い身、その両方を生かすには、キンキンに冷やした桜えびを高温の油で瞬間的に揚げる。油がふきこぼれそうになるので、大きな鍋に半量ぐらいしか油は入れません。何をしたいのか。殻だけ揚げたいのです。中の身はほんのり温まるくらい。桜えびの香ばしさ、甘み、ぷりっとした食感、そのすべてを残したい。桜えびにえびとしての主張をさせてあげたい。

最初は、これを魚の焼き物にのせて出していました。えびを食べている魚にのせるなら、そこに理《ことわり》もあると思ったからです。ある日、たまたま、おなかがすいたので、揚げた桜えびを白いご飯にのせてみたところ、これがおいしかった。それを料理にしてみたい、と誕生したのがこのご飯です。

ご飯にも一工夫。お茶の産地、駿河湾の桜えびだから、茶飯にしようと思ったのですが、どうもピンとこない。次に考えたのは桜。桜の葉で何かないかと思っているときに、桜の[*1]葉のお茶に出合ったのです。桜の香りのするお茶なのですが、それでご飯を炊いたら、ご飯自体が桜餅の香りがする。それに桜えびをのせたら、桜餅にえびの香ばしさとうまみ、食感がのったようなおいしいご飯になったのです。最初は塩を、それでは何かつまらないので、昆布茶をかけてみた。今度は味が濃すぎました。そこで、1年目はしそ香煎[*2]をのせることにしたのですが、もっとおいしくなるものを探していたのです。

2年目。梅パウダーというものを見つけました。種を抜いた梅干しを乾燥させて粉にしているもので、これを用いると、若干酸味が加わるわけです。この酸で、ぴたっとバランスがとれた。今は、しそ香煎と梅パウダーを混ぜ、揚げたえびにふりかけています。何とも季節感にあふれた、いいご飯になりました。

*1 桜の葉を塩漬けにしたあと、塩抜きをして乾燥させたもの。
*2 赤じそを乾燥させて、石臼《いしうす》で丁寧に粉末にし、塩を合わせたもの。

龍吟若竹

たけのこ【bamboo shoot】　わかめ【wakame seaweed】

懐かしい母の味を『龍吟』解釈による「若竹」に。

この料理は、私にとっては懐かしい母の味がベース。わかめと筍《たけのこ》の組み合わせといえば、春の出合いものですが、母バージョンはご飯のおかず。わかめは根元のめかぶ[*1]を、筍も硬い根っこの部分を使います。

『龍吟』バージョンは、まず、めかぶ。さっとゆでて色出し[*2]します。めかぶはまさに海水の味。塩分が強いので、ゆでたあと、少し水にさらします。表面が硬いので、斜めに細かく切り目を入れる。次に裏返して、表側の切り目とクロスするように切り目を入れます。蛇腹よりずっと浅い包丁です。そして、筍。炊いた筍の一番硬いところを、めかぶと同じような棒状に切ります。太白ごま油[*3]でめかぶを炒め、油をまわしてから筍を入れ、炒りつけます。若干の砂糖、濃口醤油をたらす。そこに木の芽をたっぷり加えたら、できあがりです。

めかぶ、つまり、わかめと筍、二つ合わせることで理《ことわり》が生まれ、ほしい要素が顔を揃える。香り、歯ごたえ、海の香り、山の香り、そして、だしの香り。うっすら覆っている油の被膜がいいコクを与えてくれます。砂糖を増やし、醤油を増やせば、限りなくおそうざいになっていく。手間は簡単ですが、ストライクゾーンは狭い。素朴でありながら繊細な料理です。

*1 春の短い旬を楽しむ。わかめの根元部分。
*2 生は茶色。ゆでて色出しする。母バージョンは生のまま炒めるため、全部がきれいに緑にならず、まだら模様になっていた。
*3 ごまを煎らずに、生のまま搾ったもの。色や匂いがほとんどないので、繊細な料理にも使い勝手がいい。

大黒さんま

さんま【Pacific saury】

**おかずの代表選手、さんまを
ガストロノミー的アプローチで。**

さんまは好きな魚です。まかないでよく食べる魚でもあります。普通ならば、おかず。それをガストロノミーにするならば……。

さんまは干物もおいしいのですが、内臓あってこそのさんま。1本丸ごと焼きます。焼きあがったら、背ビレのほうに箸を走らせて、尻尾までいったらスパッと切ってパクッと食べる。内臓も食べられて、とてもいい。

でも、ここで困ることが一つ。骨はどうするのか。料理屋なら、身だけを供するほうがいいに決まっている。また、内臓にも問題あり。大漁の場合、網の中でものすごい数のさんまが暴れるため、ウロコを飲んでいることが多いのです。この2点をクリアできれば、さんまガストロノミーでいけると思った。じゃあ考えましょう、ということで……。

内臓のおいしさを生かし、皮のカリッとした香ばしさも生かしたい。まず、身をおろします。身の厚い背側をそいで、身の薄い腹側に足し、厚みを揃える。その上に大葉を並べて梅肉をちょいとのせ、焼きなす*1をのせてさんまで巻きあげます。これに串を打って焼き、余熱でなすまで温めます。周囲はカリッと焼けて、中の身のジューシー感とグジュッという食感、それと同じテクスチャーの焼きなすの組み合わせです。

内臓はエラ以外の全部を、生の状態でフードプロセッサーにかけ、どろどろにして裏ごしします。裏ごししておけば、万が一、ウロコが入っていても大丈夫。これを火にかけ、濃口醤油とみりんを加え、裏ごししたおかゆをつなぎにする。これで、即席アンチョビーソースのような内臓ソースができました。さんまをもう一度焼いて、じわじわっと脂を出してから、このソースをべたっとつけて、もう一度さっと焼きます。内臓は脂が多いのですが、つなぎのおかゆのおかげで落ちずにすむのです。

内臓のおいしさ、皮のパリッ、身のジューシーさ、大葉の香り、梅干しのさっぱり感、炭火で焼いた香ばしい焼きなす、表面の内臓ソース。そこに蒸した栗をミクロプレーン*2で、糸削り状に散らします。こうすると、栗の甘みと香りがふわっと広がります。しかも、ふわっふわ。その横に、腹骨を揚げた骨煎餅《せんべい》をのせます。これで、秋尽くしに。まわりには、大根おろし、むらめ*3、貝割れ、ぽとぽとと醤油をおとして染めおろしに。間々に箸をつけていただいて、口の中をさっぱりしてもらいつつ召しあがっていただきます。焼きなすの何とも感じのいいこと。私は二口で食べてしまいます。

*1 なすを炭火であぶり、皮をむいたもの。
*2 柑橘《かんきつ》類の皮をおろしたりする際に使われるキッチンツール。細長いおろし金といえばわかりやすいか。フード・グレーターとも、マイクロプレーンとも呼ばれる。
*3 漢字なら「紫芽」と書く。赤じその芽じそ。

松茸黒酢焼き

まつたけ【matsutake mushroom】

松茸のおいしさを黒酢で
バージョンアップする。

松茸《まつたけ》と牛肉の組み合わせには、いろいろなバージョンがありますが、これは松茸が主役。焼き松茸は、その香りをしっかり味わうために、爽やかに仕立てることが多い。すだちをかけるだけ、ということが多いのですが、酸味がとても合うのです。すだち以外の酸味をからめることで、新しい味わいを表現できないか、というところからきた料理です。黒酢といっていますが、バルサミコ酢を使っています。バルサミコ酢は炭火で焼くと、酸味にコクが加わって魚料理に合うのです。それを松茸に合わせてみたら、うまくいきました。

カサが半開きくらいの松茸に、串を打って1本丸ごと焼きます。松茸のジューシーな水分と香りを生かしたい。そこで、外側は焼けていて中の水分が外にこぼれる直前、つまり、寸止めのところで火からはずして休ませます。余熱を中まで入れて芯温を温めたら、最後に表面を香ばしく色づけます。バルサミコ酢と醤油を合わせたたれを霧吹きで吹きつけながら、表面をキャラメリゼ[*1]していくのです。その際、炭の上にオイルをぽとぽと。すると、ふわっと白い煙が立つ。その煙を松茸にまとわせます。そうして、松茸の炭火焼きが味わいとともに完成する。

松茸は切らない、1本そのまま。思いっきり頬ばって食べてください、という感じです。

添えるのは肉みそ。これは、あくまでつけ合わせです。にんにくをスライスして牛脂で色づくまで炒めます。それをすり鉢ですりつぶして、若干のバルサミコ酢、ヴィンテージ・

ポルト酒を加え、玉みそと八丁みそを合わせて、にんにく田楽みそのようなものを作ります。にんにくはあくまで風味、香り程度に留めます。

牛ヒレ肉は焼かずに、塊のままオイル[*2]バススターラーで芯まで加熱。オイルをふきとり、刻んでにんにくみそと和えて、上からけしの実をふります。肉料理ではなく、あくまで肉みそとしてつけ合わせているもの。コースの中で、魚を他のところで使いたいときに、魚の焼き物代わりにいかがでしょう。

秋の香りを満喫してください。

*1　お菓子の世界では、砂糖を煮詰めてカラメルにすること、あるいは砂糖をふって焼きごてなどで色づけすることをさすが、肉や野菜の表面に、香ばしい焼き色をつけることもいう。

*2　温度制御と攪拌《かくはん》機能を一体化した機器。元々は理化学用機器である。オイルをはり、一定温度で加熱が可能。

カラメルアイス

わさんぼん【wasambon sugar】

和三盆を日本料理の素材として生かしきる。

レストランで提供するデザートは「三時のおやつ」ではありません。前菜から始まるコースをしめくくり、全体のバランスを問われる大事なポジションにあります。「できたて感」こそがごちそう。必ずア・ラ・ミニッツでお出しします。甘い料理という感覚ですね。

デザートにも「時をとらえ、状態をとらえる」ことが大切。あくまで日本料理の精神を宿らせる。だからこそ日本料理で出す意味があるのです。

さて、このカラメルアイスには日本最高峰の砂糖「和三盆」を使います。それを贅沢《ぜいたく》にもカラメルにする。ただ、普通のカラメルとも異なり、焦がして苦みを出すだけではありません。たまたまキャラメリゼしている途中に、とてもいい風味になる瞬間を見つけたのです。その風味を取り込みます。

大変な手間をかけて完成された和三盆をキャラメリゼするなんて、作り手からするととんでもないと思われるかもしれませんが、和三盆にしかできないものがあるならば、やってみる価値あり。和三盆は甘い砂糖というだけではない。うまみやテロワール*1を反映したものです。それを「素材」という認識で用いる。素材として日本料理で表現したい。それがこのデザートの始まりです。

和三盆に水を加えて火にかけ、うっすらと色づき始めた頃、何ともいえない品のよさとコクが増す瞬間があるのです。その瞬間に牛乳を合わせ、蘇*2を溶かし込みます。牛乳を煮詰めるのではなく、煮詰めた牛乳である蘇を加える。濃厚な、煮詰めたような状態の牛乳になるので、そこにわずかなうまみと粘性を与えるために、卵黄を少量加えて、いわゆるクレーム・アングレーズ*3を作る。それをアイスクリームマシンにかけます。

大事にしたいのは、和三盆の風味を生かすこと。アイスクリームだけでも十分においしいのですが、下に黒蜜《くろみつ》を流します。黒蜜といっても黒糖から作るのではなく、和三盆の精製段階でとれる黒蜜、つまりアクを煮詰めたものですが、それを敷きます。和三盆を作る際の副産物を合わせることで、そこに理《ことわり》が生まれます。これ一つで和三盆の自然のままの素材を楽しんでもらえる。1本のさとうきびから取り出したものが、この一皿に戻ってくるという感覚です。上に蘇をミクロプレーンで削ってのせて仕上げます。

抹茶をふりかけたり、塩やくるみの砕いたのをのせたり。いろいろなバージョンを発表しましたが、これが最初の形です。

*1 気候、土壌、風土や地形など、作物が育つ土地・環境のこと。
*2 8世紀から10世紀に日本で最初に作られた乳製品。チーズの元祖ともいわれる。さらに熟成させると「醍醐」になる。
*3 カスタード・ソースのこと。アングレーズとはフランス語で「イギリス風」の意。

日本料理とは何ぞや。

日本料理とはどんな料理ですか。私が海外を訪れたときに、必ず質問されることの一つです。四季の移ろいを愛《め》でる心は、何も日本人だけがもっている感性ではありません。ただ、日本料理には高い精神性がある。その精神こそが、日本料理のアイデンティティだと思うのです。たとえば、道の辺にひっそりと咲く一輪の花を愛でる気持ち。日本料理の本来あるべき姿は、そうした自然を愛する気持ちや優しさを形にして表した、感性や精神を映し出すものだと思います。

日本に生まれ、日本に暮らす我々には、侘《わび》、寂《さび》、ものの哀《あわ》れ、儚《はかな》さなど、日本人独特のフィーリングをキャッチするセンサーが日常的に形成されています。その料理を見たとき、味わったときに、そこから日本ならではの、季節感や素材感をとらえることができ、それを愛でることができる。そして、確かな素晴らしさを感じとったときには、そこに日本人としての誇らしい気持ちが宿る。この国に暮らすことや、自然環境を心から愛することができる。それが日本料理だと思うのです。

日本にはこんな素晴らしい自然の恵みがある。それを、四季それぞれに違う表情で楽しめる。こんな豊かな環境にいるのだよ、と料理の中に表現できる。その気持ちが、その行為が、日本料理を作っていることではないか。私はそう思うのです。その感覚をもってして作りあげたものであれば、世界のどこに行っても日本料理を形にできると私は信じています。

日本料理がガストロノミー界の世界共通言語として存在できるということを証明するには、その精神の在り方そのものを、まず世界共通言語で伝えなくてはならないのです。そうして言えること……。日本料理は日本人の誇り。それが、私の答えです。

基本が大事。

命のだしより、命の「基本」です。基本技術の習得は何より大事です。まずは、おいしいといわれているものを、おいしく作れなければ、積み上げていくことも、横に伸ばしていくこともできない。表現したいことを表現することもできません。

素材を知り、その性質を熟知し、状態を見極める。そういう「基本」がわからないと話になりません。日本料理にとって何が一番大事かと問われたら、真っ先に「基本」と答えたい。基本があればこそ、いろいろなものを積み上げていけるのです。100メートル積み上げたいなら、100メートルの土台がなければならない。土台が深ければ深いほど、高く積み上げることができるのです。基本が浅いと、あるいは基盤がゆるいと、いくら積み上げても、すぐに、くずれてしまうから積み上げられない。「まぐれ」はあったとしても、続けていくことはできません。盤石な建物を建てるには、基礎工事が大事なのです。

「基本」を知ることはまた、おいしさ以前の「食の安全性」への確かな手がかりとなるもの。ただ、何が日本料理の基本技術、基本理念なのか？……ということも、時代とともに変わってきています。市場の素材も、流通システムも、魚の処理方法も、キッチンツールも、情報資料も、インターネットも、我々を取り巻く現代の環境自体が、昔とはまったく違う。昔は大変だったことが、今はあたりまえにできることも、時代の成長なのです。基本を規定課題だとすると、それをクリアできない者に、自由課題という選択肢はまずありません。

よく、成長過程を「守《しゅ》・破《は》・離《り》」と表現しますが、まずは基本を学び、正しい知識に基づいて、ちゃんとした料理が作れるようになること。これが「守」です。次にその型を破る「破」。新しいチャレンジをしていくわけですね。そして最終的にはそこからも離れ、自由に創造できるようになる。「離」はクリエイターへの道です。一番大事なのは、徹底して基本を学ぶこと。いきなりクリエイティブなことはできない。料理の入口は、あくまで「基本」と書いてある門から入らなくてはならないのです。

小さな炊き合わせ

たきあわせ【food cooked separately but served together in one dish】

一口で入るプチおでんの形を借りた、
完成度の高い炊き合わせ。

こちら、おでんのガストロノミー版です。おでんといえば、日本人なら誰もが知っている料理。だしの中にいろいろな具を入れて炊く、いわば「ごった煮」です。一つの鍋の中で、いろいろな具材からにじみ出る味を互いが吸うことによって、複合的なおいしさが生まれます。一方、『龍吟』スタイルのおでんは「炊き合わせ」。8種の具一つ一つに、火入れ、だし、味のすべてを変えて別々に仕事を施し、最後に盛り合わせます。

炊き合わせは、日本人にとっては安心感の塊のような料理。そこに進化をはかれないものか。いろいろな食感、味を盛り込みたいけれど、何かいい手はないかと考えるうち、日本にはおでんがあるではないかと思いついたのです。でも、サプライズ感を与えようというのではなく、おでんという誰もが知る料理の形を借りて、ホッとしてもらいつつ、炊き合わせとして完成させることを考えました。

厚揚げ、たこ、大根、牛のアキレス腱、真子の湯葉包み……いずれも大きさはうずらの卵に合わせたもの。どれもプチサイズです。うずらは超高温でゆでる。白身だけを固め、中は完全半熟。湯葉包みは、介党鱈《すけとうだら》の真子をしょうがで煮て、針しょうがとともに湯葉で包んで炊く。たこは生きている状態でぬめりを取り、マイナス40℃で急速冷凍。それをゆっくり溶かしていきます。魔の温度帯、マイナス5～0℃をわざとゆっくり通過させるのです。氷の結晶がばちばちと溶けて繊維が切り離され、くたくた状態になる。それを炊けば、ぷるんとハリがあるけれど、ふにゃっと軟らかい不思議な状態が均質に作れる。ただし、急速に凍らせ、すぐ溶かすこと。凍らせたままではいけません。ここにもちゃんと理《ことわり》はある。これを濃口醤油と砂糖で煮ます。

長時間炊かなくても自然に軟らかくなる。しかも、水分が切り離されていてスポンジ状になっているので、自分のうまみをちゃんと吸い戻すうえ、外側がずるずるにならないのです。アキレス腱はねぎや玉ねぎなどの香味野菜スープで炊く。えびいもは炊いてから裏ごしにして、ワンタンの皮でキャンディー包みにして揚げてあります。小さなえびしんじょうを作って蒸しあげ、揚げてからだしで炊いて練り物の代わりにする……そんなふうに、それぞれをベストの状態に仕上げます。

これらの具に串を刺し、「ディスク」*を用いてばらけないように盛り、白濁した地鶏のスープをはります。このスープは具を煮たものではなく、器にはるためだけに作られたもの。揚げ物だけは、揚げたてのカリッ、とろっ、が肝なので、スープにつからないよう、串に刺す際、高い位置になるよう案配します。

そうやって8種を盛りつけたら、白みそと桜みそを合わせてねぎをのせ、おでんみそにして添えます。パッと見おでん、というプレゼンテーション。でも最後には、レベルの高い炊き合わせを食べたという満足感が残る。そんな進化形が誕生しました。

＊ディスクは紙製。炊き合わせ8品の品目が書かれている。食べるときはディスクを抜いて。楽しさこのうえなし。

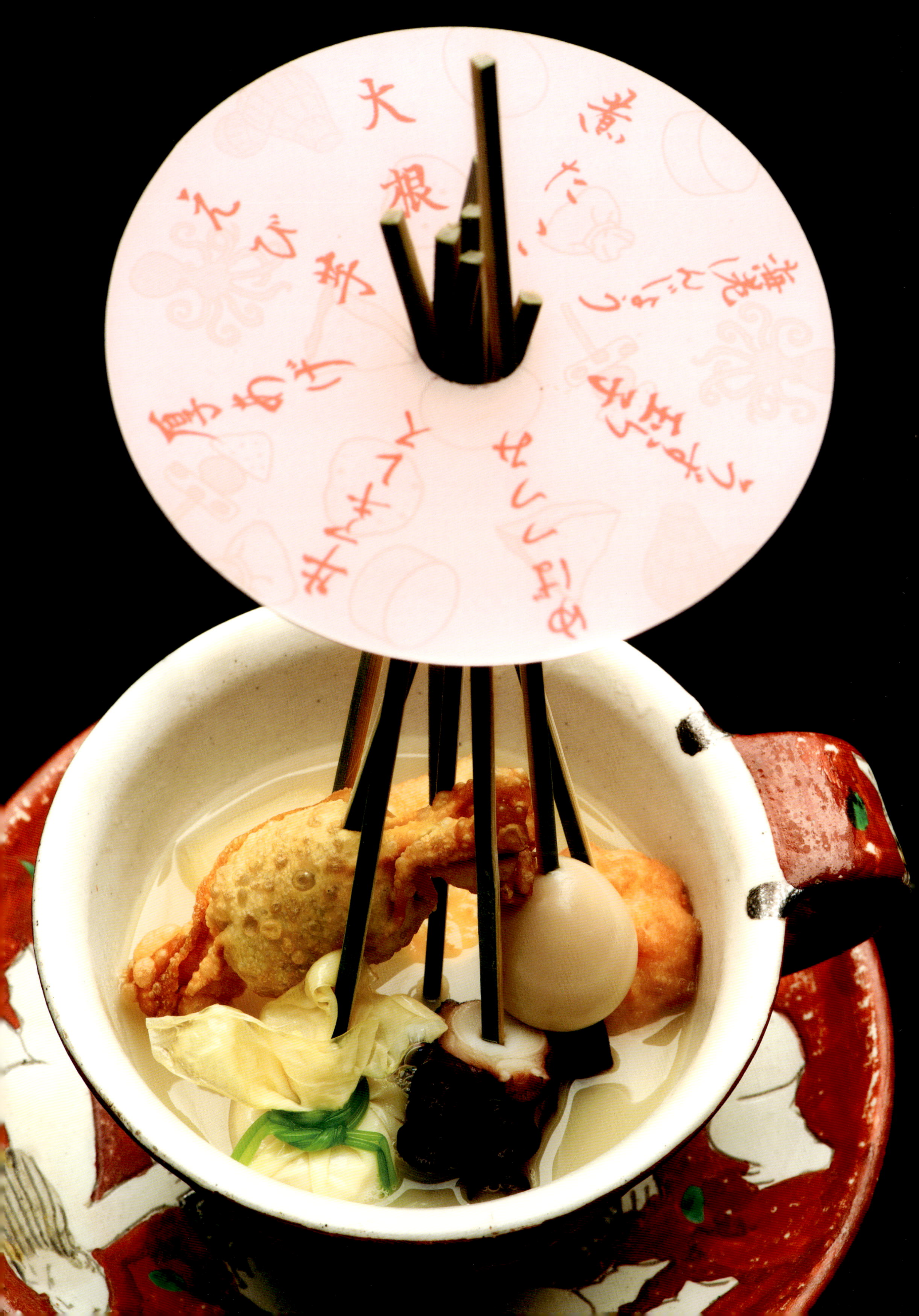
大根
煮たこ
海老しんじょう
えび芋
厚あげ

あん肝ぬた

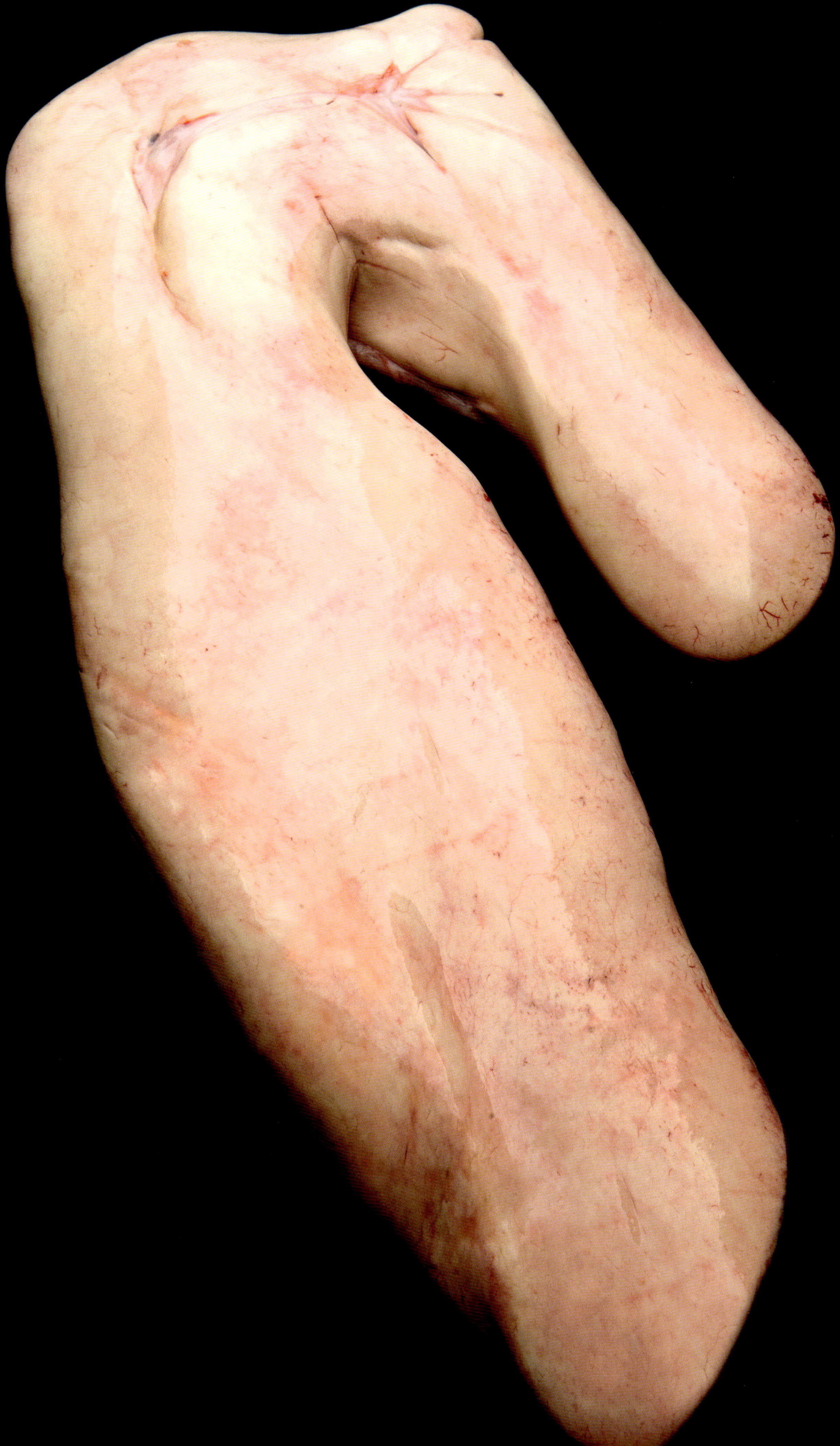

あん肝ぬた

あんきも【angler liver】

完璧な状態に仕上げた
あん肝をぬた和えに。

『龍吟』オープンのその日から作り続けている料理。素材となるあん肝は北海道余市産。それ以外使ったことがありません。あん肝は大きいほうがいい。脂肪分が多く、ねっとりしているからです。このねっとり感こそが命。

あん肝といえば、ポン酢や煮つけで食べるのが一般的ですが、あるとき、何を思ったか、ぬたにしたらおいしいのではとひらめき、作ってみたら大成功。以来、毎年冬になると作っています。自分の中に、日本料理というものも、その理《ことわり》も確立していたわけではない。そんな時代に思いついた作品です。

さて、あん肝の処理から始めます。うまく血抜きをするキーはアルコール。血が抜きやすくなる。血の抜け方が違う。まず、水の中に酒と塩を入れてあん肝を洗います。次に、38〜40℃ぐらいの湯の中に塩を入れ、そこにあん肝をつけておくと、薄皮がたるんでくるのでその薄皮をむき、ガストロバック[*1]へ。湯、酒、塩を加えて、低圧に設定します。すると、40℃の低温で沸騰して、あん肝がふくれあがります。

あん肝の血管が全部開く。それを常圧に戻すとシュンと縮むわけです。縮んだ瞬間に血液がみんな外に押し出される。それを繰り返します。開いて閉じる、開いて閉じるを繰り返す。そうするうちに、血管の中を流れる血が、湯と酒と塩に替わるのです。これで血は完璧に抜けます。ここまでが下処理。素材レベルで、これ以上ないというあん肝ができました。これを、酒と塩を加えた水の中に入れ、水から立ちあげて、とろ火でゆっくりゆっくりゆでていく。80℃になったらその温度をキープして中まで火を通します。

次に、地を作ります。鍋に水、昆布、酒、赤酒、若干の砂糖、薄口、濃口醤油を入れ、80℃に。ここに80℃のあん肝を移し、ぽこぽこっとしている状態をキープする。20分ほどしたら、火を止める。すぐにバサッと鰹節《かつおぶし》を加える。紙蓋《かみぶた》をして常温まで冷まします。完全に冷えたら冷蔵庫へ。赤酒のおかげで適度にしまっていきます。また、その紹興酒っぽいコクも合う。そのまま一晩おいて、味を入れます。

和え衣のベースとなるのが「玉みそ」[*2]ですが、『龍吟』ではテルモミックス[*3]が作ります。温度調整機能がついているので、裏ごし不要、湯煎不要。艶《つや》はいやでも出てくれます。この「職人マシン」が作った玉みそに酢を合わせます。普通は純米酢を使うことが多いと思いますが、ぬたにはりんご酢を。爽やかさも香りもあって、フルーティーな感覚がみそに加わる。フォアグラにフルーツを合わせる感覚で、肝類には合うのです。そうやって酢みそを作り、和辛子を加えます。

ゆでたわけぎを水けをきって切り揃え、酢みそで和えます。ねぎ類は「鉄砲仕掛け」[*4]になっているので、中からにゅるっと出てきますが、自然に任せて和えます。ぬたぬたと和える。そして、ねぎのぬたとあん肝を交互に積み上げ、香ばしく煎った松の実を散らし、上に柚子のせん切りを。鰹節を入れることで、ちょっとスモーキーな風味になっているあん肝。食べ終わったときに、上質なおいしさだけが余韻として残るような状態にもっていきたい。今までにいろいろなバージョンが誕生していますが、こちらは2007年秋冬バージョン。松の実が特徴です。

あん肝は、おいしさが伝わりやすく、グローバルに通用する味。これぞ、国籍、学歴、経験値、一切関係なく同じように味が伝わるものだと思います。おかげで、海外で行うフェアでいつも好評をいただいています。

*1 減圧加熱調理器。容器内を低圧状態にすることで、食材の繊維が開き、まわりの調味液が素材内部に否が応でも浸透してしまう。
*2 白みそに酒、砂糖、卵黄を入れて湯煎にかけて練りあげるもの。まず、酒に砂糖を加えて完全に溶かす。卵黄をくずし、そこに砂糖を溶かした酒を加え、裏ごしする。みそを加えて均一にし、均質な状態のみそを作る。これを湯煎にかけて練りあげる。
*3 加熱とミキシングが同時にできるマシン。ポタージュから生地こね、ソルベに至るまでこなせる。ミキサー、ミル、フードプロセッサー、アイスクリーマー、加熱鍋などの機能あり。サーモミックスとも呼ばれる。
*4 古典落語にもあるが、ねぎの芯だけ飛び出してしまうこと。

白甘鯛の椀

あまだい【tilefish】

ひたすら上品に、ひたすら淡い味わいに。

毎日出したいぐらい好きな料理。お造りで食べられるような、活けじめ処理が施された、いい甘鯛《あまだい》が手に入ったときだけ作るお椀です。頭を持ったら肩がしなだれるような、死後硬直がまだきていない白甘鯛を用います。おろしてから塩をあてると、まだ身がいかっているので、思いきり水が出る。それを昆布じめにしたり、お造りにしたりするのがおいしいのです。ここでは、お椀に。

大きなフィレに串を打って、皮だけをさっと焼く。炭との距離は「超」至近距離。ぱちぱち、どわっと脂が滴ります。ここでは、香ばしさだけをつければOK。皮目を上にしておき、脂がチリチリしていたのが落ち着いたら、皮目を下にして串を抜きます。それから三枚包丁*1でへぎ造りにし、お椀に盛ります。手前に、吸い地加減で炊きあげた聖護院《しょうごいん》かぶらを。そして、おろした柚子をぽちんとのせる。吸い地は一番だし。昆布は、ひたすら品のいい利尻*2で仕上げます。利尻昆布を水出*3ししてから温め、沸騰直前に削りたての鰹《かつお》節《ぶし》を入れてすぐにこす。鰹節と昆布の、うまみより風味をのせたおだしです。塩で味をとり、吟醸酒をたらし、醤油を3滴ぐらい。1人分にスポイト1滴分もないくらいしか醤油は入っていません。

甘鯛の上に、この熱々の吸い地をかけて、余熱で火を通します。甘鯛はレアの状態。ですから、活けじめでないとだめなんです。ところが、なかなか手に入らない。年に何度もお目にかかれないのが残念です。幸運な方しか巡り合えない貴重なお椀。お椀としての完成度は高いと思います。

豊かな風味を味わってください。

*1 1回2回と切り込みを入れ、3回目に切り離す。

*2 昆布は4種を使い分け、お椀によってはブレンドしている。真昆布はすべてにおいてバランスがよいが、何か一つ秀でるものがない。利尻はただひたすらクリア。上質な品のよさ。羅臼《らうす》は味もうまみも一番濃い。濃厚な昆布だしがとれる。日高は海藻の香りが強いが、だしの強さはやや足りない。

*3 甘鯛はほとんどが野じめ（119頁）。釣り上げると浮き袋を吐いてしまうため、水槽では泳がない。目下、活けじめのいい甘鯛を提供してくれる漁師さんを探している。

名物大根めし

だいこん【Japanese radish】

節約料理がお客様の支持を得て大出世。

店を開く、ということは大変なことでして、野菜の切れ端一切れたりともムダにできない。捨てられない。節約、節約のスタートでした。そんな中、まかないでの一番人気が、この大根めしでした。その話を聞かれたお客様からのリクエストでそっとお出ししたところ、大好評。以来、定番ご飯となりました。

大根の半分は米と一緒に炊き込み、半分は焼いてから葉っぱと一緒にのせます。

米を洗って土鍋に入れ、昆布と鰹節《かつおぶし》のだし、濃口醤油を加える。大根は1・5センチ角のさいの目に。大根と米だけで、まずご飯を炊きます。金時にんじんは乱切りにして、別鍋で味を含ませます。別に、さいの目に切った大根を炒めるのですが、まず、フライパンにくるみオイル*をひいて、大根を並べてしばし。色がついてきたらあおります。これを繰り返して色をつけ、さっと塩をふります。これで焼き大根のできあがり。刻んだ大根の葉をのせ、くるみオイルを少し足してさっと炒めます。濃口醤油を鍋肌から回し入れ、香ばしい香りを移す。この醤油がからまった葉がおいしいのです。これを炊きあがったご飯にのせ、にんじんとあられに刻んだ柚子を散らします。

大根の二つの食感、ご飯と炊き込んだ「グジュッ」、炒め焼きした「カリッ」を楽しむ。にんじんはエッジが立っていて硬そうに見えますが、実はとても軟らかいのです。これもまた完成度の高さ。オープン1週間後から出した節約料理ですが、今もって人気。大根が甘くなって、金時にんじんが出る頃に作るご飯です。添えるのは赤だしではなく、白みそ椀。これが何ともいえない好相性なのです。

＊大根めしを作るにあたって、いろいろなオイルを試したが、くるみオイルが一番だった。ナッティな感じが大根くささに合う。

鮎のこと。

鮎《あゆ》は日本が誇る魚である。

毎年、6月になった瞬間、キッチンの空気がガラッと変わる。初鮎が届いたその日は、朝から心地よい緊張と闘志が漲《みなぎ》る。『龍吟』で使っている食材の中で、一番大変なのが、この鮎なのである。

鮎は香りが命。そして鮮度はもちろんだが、状態が命。焼くときに泳いでいないと駄目なのである。鮎ご飯だろうが何だろうが、すべての鮎料理に私は死んだ鮎は絶対に使わないと断言する。岐阜などの鮎が泳ぐ川を目の前にした料亭さんに比べると、素材レベルで、東京は圧倒的に不利。こればかりは、どうにも太刀打ちできないところだ。

それでも、東京で鮎を出すのは、産地となるべく時差のない状態のものを出すことに賭けているからである。立地条件だけで負けを認めるなら始めからやることはない。

鮎を焼くときに、私は次の三つの必要絶対条件を唱えている。

①大きさは16センチをベストに、その前後。

②キッチンで、焼くときまで泳いでいること。

③極上の紀州備長炭で焼くこと。

これは、鮎をもってして、自分の理《ことわり》を表現するための、私の中での絶対的要素だ。

鮎は、頭から尻尾まで余すところなく食べられる。それが鮎のおいしさだ。頭は唐揚げ状態、お腹は身も内臓も火は通っているが、香りまでは焼ききらない。この「香りまでは焼ききらない」という狙いどころが非常に大きな意味をもつ。そして、尻尾は干物。1尾の中に三つのテクスチャーを有する。それを表現しているのだ。できれば、頭、お腹、尻尾と三口で食べてほしい。三口で食べられるベストの大きさが16センチなのである。

桜の花が咲く頃から、釣り師に一斉に電話をかけ始める。「鮎どうですか」と。生かした状態で送ってくれる、天然物、大きさ、といった条件で探すには大変な労力を費やす。自然環境に限りなく近い状態で鮎を育てている方の力も借りている。死んでいる天然より、香りがあり、質さえ上等であれば、生きた状態で届く鮎のほうが私の中では価値が高い。

鮎に対して、料理人ができるのは、塩をふって焼くことだけ。鮎はこの川のものが一番、という産地へのこだわりはない。苔《こけ》の生育状況、川の水量など、自然環境、テロワールは毎年変わるものだからだ。また、鮎は隣同士の川で獲《と》れても香りが違う。天然遡上のものも放流のものも混じり合って入荷する。まとめて焼くときに、産地を揃えないと、脂の量も違い、同じようには焼きあがらない。

鮎の香りは死ぬと身に移り、強くなる。だが、状態は理想とはいかない。氷詰めで届くものは芯温が低いため、焼いても脂が対流しない。理想の状態に焼きたくても焼けないのだ。だから、「泳いでいる」ことが重要となる。

鮎を焼くときは炭も大切。「太さ」を決め、生産者にもこだわっている。強火の近火で焼いているのに、ヒレを焦がさず、頭カリカリ、身には香りが残っている状態に焼く。焼き手によって、おいしさの表現は異なるが、高い修業レベルを必要とされる仕事だ。

炭台の設備、また、哲学をもっていないといけない。「鮎を焼く」と一言で言っても、そこには、刻々変わるドラマがある。それを目視しながら焼いていかなくてはならない。

鮎を焼く1時間ぐらい前から、炭を入れる。焼き台全体が完全に温まった状態から焼き始めないと、焼き台に熱を奪われ、うまく熱が対流しない。おこした炭を火床の手前に寄せ、頭の下にのみ炭がある状況を作る。また、串をのせる台を奥側に置き、鮎の頭が斜め下に下がった状態で焼けるよう、準備する。

鮎は、泳いでいるものを掴《つか》み、串を打つ。串は熱伝導率が高いものを特注している。右目から入り、黄色の斑点のど真ん中に抜き、背ビレが始まるところと測線が交差する点に再度刺し、中骨を縫って尻ビレの横3ミリ、手前3ミリのところに抜く。辛くない、角のない塩をたっぷりめにふる。脂塩になっておいしいのだ。当然ながら、塩も厳選。もう100種以上試しただろうか。現在、使っているのはパキスタンの岩塩。キャビアに塩をまわすのに用いる塩で、こなれた味だ。

すぐに裏側から焼き始める。炭火の熱で、おもしろいように一斉に尻尾が下がる。が、すぐにまた上がるので、尾が串と平行になったところで、くるっと裏返す。熱で皮がどう縮むのか、それによって、どう反るのかを理解したうえで串を打っておくと、鮎が自然に形を作ってくれるのである。

表側を焼いている途中で、下アゴの関節をはずし、鮎の口を開けてエラぶたの両方を開かせる。表面積が大きくなり、水分が飛びやすくなる、と同時に、頭は下を向いているので、大きく開いたエラぶたが内臓からの脂をすべて受け入れる働きをする。そして、内臓が十分に熱せられたら、胆のうの膜をつついて破る。そうすると、胆のうの苦みが広がり、1か所だけではなく、まわり全体が、ほろ苦くなる。おいしい面積が増えるのだ。それに伴い、豊かな香りもまわっていく。

一方、頭のほうでは、「エラぶた」に溜まった脂の対流が起こる。その状態を見ながら、ともかく、お腹の脂を下げる、ひたすら下げる。エラぶたに溜まった脂が作用して、頭のみが炭の上で揚げ焼き状態になる。尻尾は1本1列だけの炭と団扇《うちわ》による熱風と耐火レンガの反射熱だけで焼く。お腹は、焼きすぎると香りもなくなる。香りを焼ききらず、水分を抜きながら内臓を焼く。これがむずかしい。頭がさくっと噛《か》み切れ、お腹の中に水分は感じないけれど、香りは感じる。ぽきっと折ったら、ふわっと湯気が立つ感じに焼きあげる。

頭から丸ごと骨までおいしく焼くのは当然のこと。焼ききってしまうのは容易だが、どこで焼き止めるかのほうが大切。鮎もさっきまで生きていたのだから、泳いでいるときの色気が、おいしさとして表現できる瞬間がある。そこを見極めることに興味を示さない者に、鮎の炭火焼は任せられない。

お客様には、「鮎がきますから」とお伝えし、万が一、離席されることのないよう、万全の体勢で待っていただいてからサービスする。鮎は焼きあがって炭からおろしたら、キッチンではもう待てない。待って出すことはできるが、それではおいしさのピークをはずして出すことになる。召しあがっていただくタイミングも、我々の責任として、焼きたて1分以内に必ず口に運んでいただけるようにしている。詳細はYouTubeで。

鮎の塩焼き

鱧のこと。

日本料理の必須科目といえば、鱧《はも》、ふぐ、スッポン。これらは他の技術の応用が効かないものゆえ、個別に習得する必要があり、極限まで極めたいという思いがある。鱧は、捌《さば》けるようになり、骨切りができるようになると、何か達成できた感がある。だからこそ、もっと奥があるのではと追求してきた。進化を目指し、もっと何かないのかと探るとき、私が必ずしていることがある。素材レベルに立ち返ることだ。素材をよく見る。鱧という生き物を、解剖図を見るように見てみる。そして、すべてに対して「なぜ?」を問いかける。

　骨構造はどうなっているのか。骨がこうなっているから、こう切るのだ。という確固たるものが物理的、科学的検証の上に成り立たなければならない。先人たちがそうしているから、あるいはそう習ったから、といった回答では、「私自身が理解したわけではないのです」と、自ら語っているようなものだ。

　素材レベルで深く知れば、「必殺の切り方」が見つかるかもしれない。今までは、厄介《やっかい》な骨を感じないで食べられるというレベルだったが、それを超えた何かがあるのではないか。そう思って、鱧を病院に連れていった。2005年のことである。鱧をCTスキャンにかけ、専門家に骨の写真を見てもらって、こと細かく調べた。結果、鱧を開いてまな板にのせたときに、骨は25度の角度で入っていることがわかった。斜めに入った骨に対し、そのまま包丁を落とすと、切断面は斜めに尖《とが》ってしまう。だが、その骨に直角に包丁を入れることができれば、切断面が切り株状になり、食感がよりなめらかになる。鱧をのせたときに、まな板の角度を25度傾けておけば、骨に対して直角に包丁を入れることができる（左頁の図）。次なる問題は切り方だ。飛行機が着陸するとき、地面すれすれにタイヤを滑り込ませていくように、身のふくらみに対して包丁のストロークを目一杯使い、着地の衝撃が身に伝わらないように滑り込ませていくことが大事だ（54頁）。タイヤを地上にドンと落とせば音がする。骨切りの際、ジャッジャッと音がするのは、それと同じこと。骨が切れているのではなく、砕けている音なのだ。同時に、身の繊維が乱れていることを忘れてはいけない。鱧を切るとき、音が出れば出るほど、技術的には未熟であることの証明となる。

　肩を使って、包丁が身に吸い込まれるように入っていくのがベスト。鱧切り包丁も39センチのものを使い、小指と薬指のグリップを効かせて持つ。1枚1枚を、丁寧に切り込んでいけば、音は然程《さほど》しない。骨を切ろうと思うのではなく、お造りを切るのと同様に身を薄く切れば、骨は自然と切れている。骨を切るという意識ではなく、身を薄く薄く切るという感覚で。つまり、身の側に切る都合を合わせることだ。丁寧に1枚ずつ、ゆっくり切ることによって、身の繊維は乱れないので、湯をくぐらせたとき、きれいに縮れたように開くし、うまみの流出を最小限に抑えられる。スケルトン模様にしか開かないのは、骨切りの際に身がダメージを受けた証拠である。

　骨は直角に切れば尖らない。実際、ジャッジャッと切った鱧をCTスキャンにかけると、小骨が身の中に散乱している状態だ。ところが、骨に対して直角に切ったものは、線で映るはずの骨が、全部一直線の点で映っていた。それなら、骨はまったく感じない。まったくと言うからには、ほんとうに「まったく」

である。1秒間を千コマに撮影できるハイスピードカメラでも撮ってみた。すると、包丁のストロークを目一杯使い、ゆっくり切っていく『龍吟』式の切り方だと、包丁が身に当たる瞬間、吸い込まれるように入っていき、身の表面がまったく凹まない様子をとらえることに成功した。素材を尊重し、おいしさ第一主義に考えれば、こうあるべきではないか。

さて、現在ではさらに進化していて、肋骨を取らないおろし方をしている。骨切りが完成することによって、いわゆるハラボという骨、腹膜の下にある脂のおいしいところを残せるようになったのだ。完璧に鱧を捌くこと。背ビレを完璧に抜き取ること。背骨と背ビレの間の関節の骨を確実に取ること。これができて骨切りができれば、最高の鱧になる。

次に問題となるのは皮。身はなめらかな食感でも、身と皮に火が通る時間の差異はまだ縮められない。皮は高い温度帯で、ある程度の時間が必要だが、身は一瞬で火が入る。その辻褄《つじつま》がどうしても合わないのだ。どうするか。ここでまた、素材レベルに立ち返る。皮は、ヌメリの層、黒いゼラチン質の層、その層に密着するように繊維質の層がある。ヌメリを皮と思うかどうかは別として、上二つの層を取り除き、繊維質の層だけをむき出し状態にすると、低温で火が入ることがわかった。

さて、鱧が届く。もちろん、死後硬直を迎える前の状態だ。『龍吟』では「国産の約800グラムの鱧」のみを用いる。骨が細くて皮が薄く、脂ののった外国産の鱧もあるが、出てくるだしのうまみに欠け、味そのものが「ピュア」とはほど遠く、興味すらない。

鱧は、正確に計った70℃の湯にいきなり70秒間入れる。すぐに氷水で冷やすと、白く火の入ったヌメリは簡単に取れる。かつ、ゼラチン質と繊維質の層も、少しゆるんでくる。それをヘチマでこそぐのである。すると、鱧の表面が一皮剥《む》けて真っ白になる。皮が薄くなった鱧は、人の体温でさわるとネトっとするぐらい。生ぐさみまで全部なくなっている。それを少し冷やしてから、骨切りをする。

この状態ならば、58℃で完璧に火が通る。本来、皮がゴムのようなテクスチャーになって軟らかくならない温度だが、龍吟式のこの方法だと身の都合だけで火を入れられる。もちろん、皮としての食感はちゃんと残っている。これが可能になったからこそ、皮に直に熱が当たらない「鱧包み」方式の「鱧なす椀（190頁）」も完成を見たのである。

詳しくはYouTubeで。

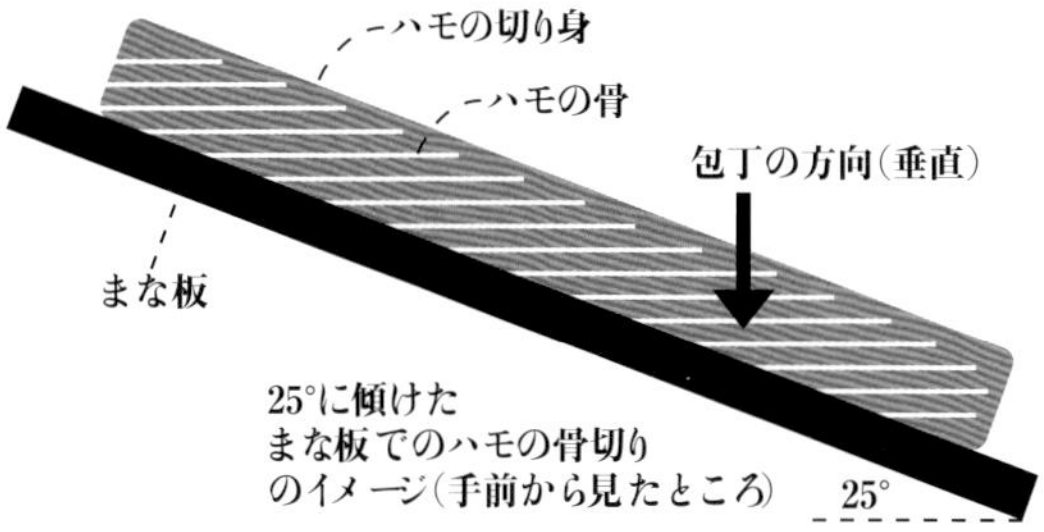

25°に傾けた
まな板でのハモの骨切り
のイメージ（手前から見たところ）

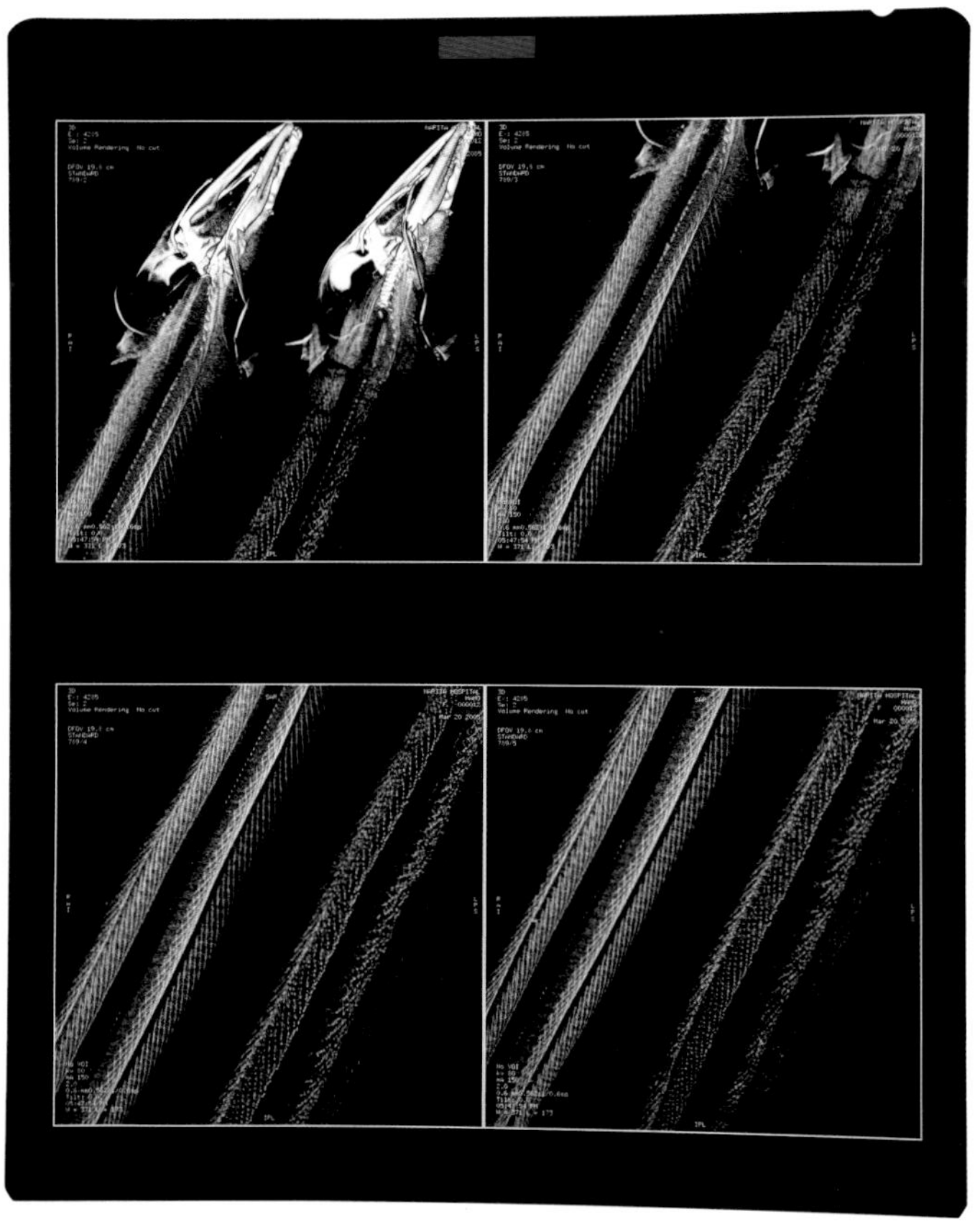

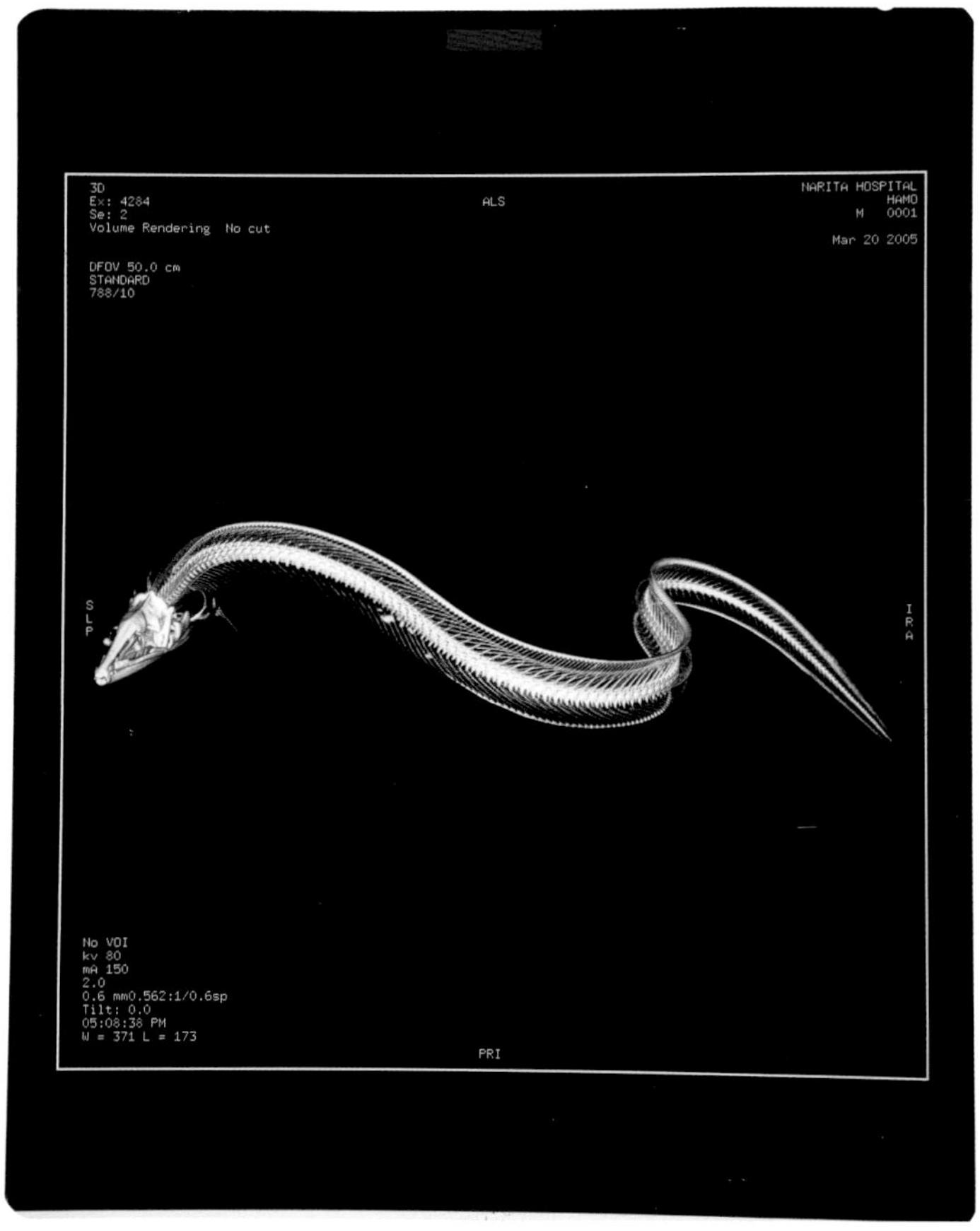

冷製鱧松椀

はも【pike conger】

鱧の淡くはかない味わいを
究極まで追い求める。

鱧《はも》と松茸《まつたけ》という組み合わせも、いろいろなバージョンがありまして、これもその一つ。松茸のおひたし（本来は焼いてあります）と鱧のおとしの組み合わせ。それを冷製のお椀仕立てにしてみました。

まず、鱧から。この鱧には、なんと皮がない。皮を引いて用いるのです。なぜか。ふわっとした食感がほしかったからです。普通、鱧の骨切りというと、皮目のところまで切り目を入れるのですが、皮がないということは、そのままいくと切れてしまうわけです。それを皮があったであろうところの直前の骨の真ん中あたりまで、感覚を研ぎ澄まして切り込んでいきます。

鱧は三枚におろして皮を引き、皮があった側に繊維に沿って浅く切り込みを入れておきます。身のほうに返し、2枚合わせて元の開いた身の形にし、身の側から皮目に向かって骨を切っていきます。皮がないので、よすがとなるのは、皮目に記した切り込みだけ。その切り込みの山が身の最終地点となるわけです。だから、その山を感じたら、包丁を止める。それを感じられないと切り離してしまう。これにはものすごい集中力が必要で、手がつりそうになるほど。かなり、ヘビー[*1]な作業なので、5人分などと言われると気が遠くなってしまいます。

さて、今度は松茸。昆布だしに鰹節《かつおぶし》を加えて一番だしをひく。塩味を入れて、松茸に火を通します。それを2枚ボウル[*2]の中にこし入れて冷やすのですが、冷やしている途中で、だしだけを少し小鍋にとります。この時点で90℃ぐらいあるので、それが55℃まで冷えるのを待ちます。ボウルのほうはそのままどんどん冷やしていきます。小鍋のだしが55℃になったところで、骨切りした皮なしの鱧を入れます。ぱぁっと花が開かず、ゆっくりゆっくり1枚ずつ開いていきます。もろもろ、もろもろ、という感じ。たんぱく質に火が通る温度よりも低いので、身が開いても半透明のままです。全部が開いたら鱧を取り出し、2枚ボウルで冷やしているだしの中に入れて、ゆっくり冷やしていきます。十分に冷えたら、松茸とともに器に盛り、だしをはってすだちをのせたらできあがり。

＊1 皮のない鱧を切るのは至難のワザ。鱧の時期が始まってしばらくたって、骨切りになれた頃でないとなかなかスムーズにはいかない。この仕事をするときだけは、「これから切る」と宣言してからでないと。いまだに、周囲が静かにしてくれないと切り始めない。それほど、集中力が必要なのである。

＊2 氷の入ったボウルにもう1枚ボウルを重ね、冷やしながら調理する。

焼き松茸と焼き鮑

まつたけ【matsutake mushroom】 あわび【Japanese abalone】

松茸と鮑の持つ「水分」に対して仕事をする。

まず、鮑《あわび》。殻つきのまま表面を洗い、蒸気の上がっている蒸し器に入れます[*1]。10～15分程度蒸す[*2]のですが、この時点では、単なる蒸した貝。貝自体の肉汁は中にこもっている状態です。この肉汁を「揺らす」ために、炭火の熱を使います。殻をはずし、串を打って、貝の表面を一気に焼き固めます。外側が一層乾いた状態を作るのです。貝の焼けた香ばしい香りが漂います。がーっと焼いては休ませるを2度ほど繰り返し、中に肉汁が閉じこもった状態をキープします。

次に松茸《まつたけ》ですが、大きさによって表情が変わります。香りの立ち具合も違う。カサと軸をはずして焼くときもあれば、つけたままで焼く焼き方[*3]もある。今回は半割りで。先に水分が逃げる切り口側から近火で焼きます。次に、裏返して肉汁が出てくるのを待つ。そして、出た瞬間から余熱だけに切り替えます。

炭火で焼く際、鮑にしても松茸にしても、「水分」に対して仕事をしているのです。炭という火の力を借りて、中の水分を見ている。中の水分が沸騰してしまうと、肉汁は切り離されて外に出てきます。そうならない、出る寸前の瞬間を見届けて、即、火から離します。

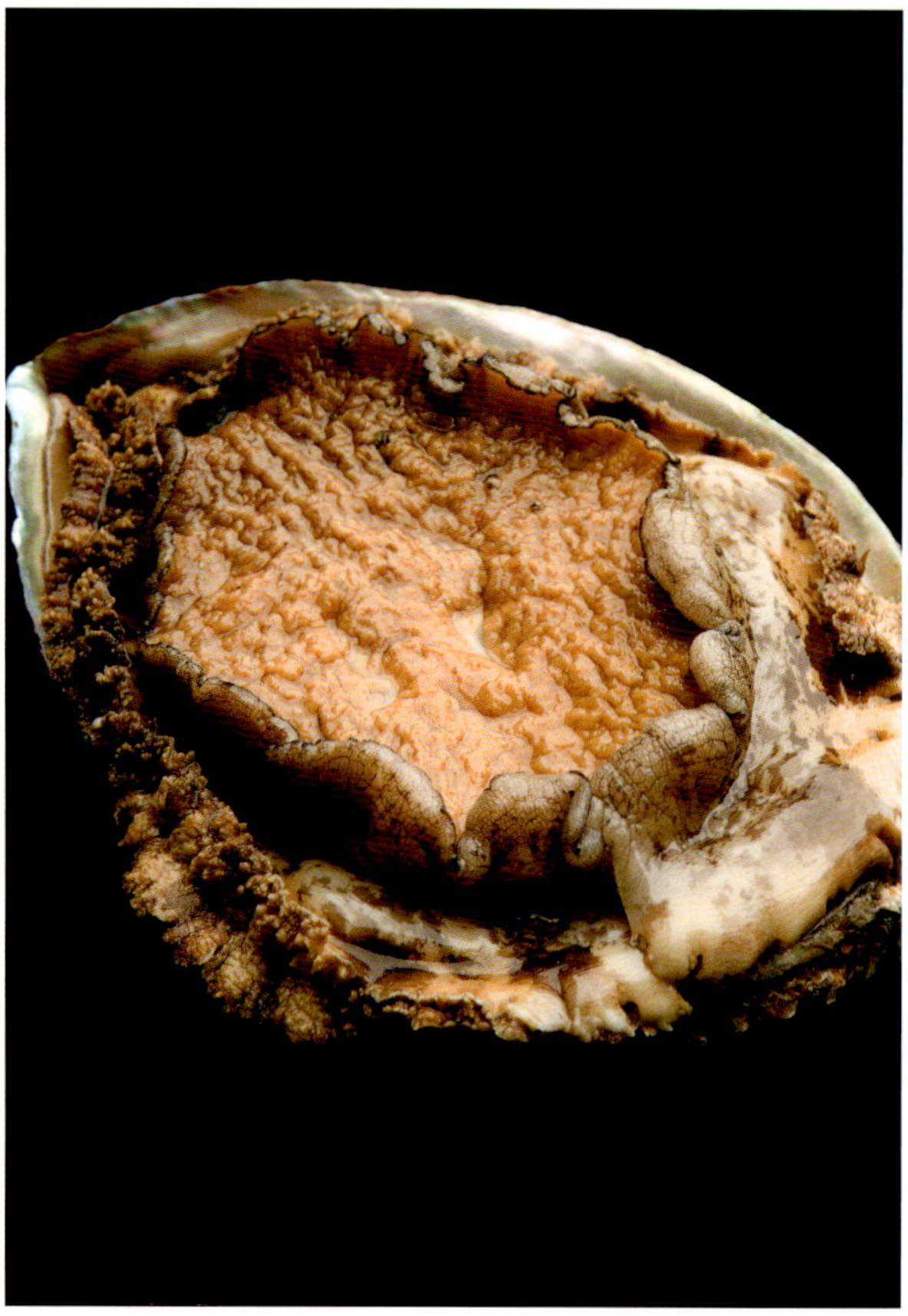

仕上げに、鮑に細かく包丁目を入れ、内部のうまみが早く口の中に伝わるようにします。松茸も鮑も香りがいいので、盛りつけたあと、紙蓋《かみぶた》をして供します。何でもない料理に見えますが、瞬間瞬間をとらえたもの。こういう表情で出したいという完成形が見えていることが大事。あぶるのか、かざしているのか、温めているのか、焼いているのか。炭火の意味は全部違います。自分の表現の中で使い分けることができているか。それがポイントです。

すべては水分との格闘にある。そうすることで、鮑も「焼き貝」なんだなと伝わる。ただ漫然と焼くのではなく、状態を作りあげることが料理なのです。

*1 コンベクションオーブンを使って蒸している。これは旧バージョン。今は殻をはずして蒸している。

*2 鮑からどっと水分が出てくるが、これは鮑が飲んだ水。体液というよりは海水に近いものだ。

*3 大きな松茸のカサだけを焼く場合は、カサの内側から焼き、返して表に香ばしさをつける。そして、内側がじゅうじゅういっている状態でお客様の下へ……。カサと軸、それぞれに適正な焼き方をすること。

丸吸い雲呑

すっぽん【soft-shelled turtle】

何をどのようにしたいかを しっかりと見極めて仕事をする。

スッポンのお椀は、今までいろいろやってきていますが、そのバリエーションです。スッポンはさばいて、血抜きをして霜ふりにし、薄皮をむく。それを、水と酒と昆布で炊[*1]いていきます。そうして、素材のうまみそのものを引いてくる。水と酒と同割、1対1に。1キロぐらいのスッポン1匹で2升のスープ（水・酒各1升）が十分にとれるほど、スッポンはうまみをもっているのです。

どういうスープがとりたいのか。地そのものにくさみ消しを入れなくてもいいようなスープをとりたい。そのクリアなうまみを伝えたい。そこでまず、スッポンは天然ものを選びます。それも大きいほうがいい。筋肉は硬いけれど、スープの力強さがあるからです。熊本・天草の天然スッポンを用いてスープをとります。丁寧に下ごしらえをしたあと、脂をすくい取りながら煮ていきます。

お椀は何を具とするか。まず、縁側のぷるぷるのゼラチン質の部分は食べていただきたい。でも、身のうまみはスープに出てしまっていますから、残ったのは結局だしガラと同じようなもの。そこで、身はスープの一部を使って、もう一回味をとって炊き直します。薄口醤油に多少濃口を加えてコトコトと煮あげ、最後に少しみりんを落としてバランスをとります。それを包丁で叩いてそぼろにして、刻みねぎ、縁側の切れ端を入れて、ワンタンの皮でキャンディー包みに。ワンタンは塩水でゆであげ、椀盛りにします。スープには塩と薄口醤油をぽとぽと落として調味。脂のまったく浮いていない丸[*2]のスープをはって、白髪ねぎ、芽ねぎ、針柚子、揚げ[*3]ねぎを添える。さらに、博多すぎたけというきのこを、さっと炭火であぶってコリッとした食感を加えます。伝えたいのは、縁側のコラーゲンとクリアなスープ。コクではなく、清い清いうまみを堪能していただきたい。

*1 たっぷりの酒と水で煮ることを「スッポン仕立て」という。
*2 丸とはスッポンのこと。背中の甲が丸いことからこの名がつけられた。
*3 ねぎの輪切りを低温でじっくりと揚げて、チップスにしたもの。『龍吟』のスペシャル薬味として活用している。

瑠璃色なす

なす【eggplant】

なすを軍艦巻きののりに、
うにをネタに見立てて。

なすはヘタを取って、皮全体に縦に切り込みを入れます。たっぷりの太白ごま油を220℃ぐらいに熱して、なすを丸ごとジャッとくぐらせたら、すぐに鉄鍋*1に入れ、熱々*2のだしを一気に加えます。最強火にして沸騰直前までもっていき、火を止める。グラシンペーパー*3で紙蓋《かみぶた》をしてから、木の落とし蓋をして、そのまま常温まで、余熱を与えつつ冷めます。

冷めたら再び火をつけて、お風呂にゆっくりつかっている感じで、ごくごく弱火で炊いていきます。砂糖を加えてなじませ、濃口醤油を3回ぐらいに分けて加える。色が飛びますが、気にせず炊きます。煮立つ直前の火加減をキープ。醤油を加えてしばらくすると、地が紫色っぽくなってきますが、そのまま、中も外も軟らかくなるまで炊いていく。干しえびの甘みがあるので砂糖は控えめに。炊きあがったら、空気に触れさせないよう、落とし蓋をしたまま6時間ぐらいおくと瑠璃《るり》色に染まります。容器に移し替え、干しえびを取り除いて地をはり、冷蔵庫で冷やします。

瑠璃色に染まったなすを輪切りにし、地をきって生うにをのせ、岩梨*4をあしらいます。一口でぱくっと召しあがっていただく、夏の前菜の1品目です。なすのつぶれる感じと、うにの「うにゅっ」が同じ食感。大事なのは、芯まで入るか入らないかぐらいの、なすの炊け具合です。口の中に入ることでじわっと素材感が伝わるのがいい。煮炊き物の一番大事なポイントはそこにあります。なすのどこかに味が入っていない部分があるからシャリ的よさも生まれる。舌がそれをとらえようとして追いかける。そこが狙い目。自分の望む「瞬間」をとらえることです。

*1 鉄鍋がポイント。美しい瑠璃色になる。
*2 干しえびをたっぷり加えた濃いめの昆布と鰹《かつお》のだし。熱々でないと、なすの中に油が閉じこもった状態になる。
*3 化学パルプを用い、光沢をつけて透明に仕上げた薄紙。耐水性に優れていて、マフィンカップなどにも使われている。
*4 梨に似た味がするツツジ科の低木の実。

鼈茶碗蒸し

すっぽん【soft-shelled turtle】

上品なスッポンスープと相性のいい卵を合わせて。

スッポンのスープは、他をもって代えがたいほど、素晴らしい魅力をもったものです。スープをとる際、たいていは身を犠牲にしてもおいしいスープをとろうとするのですが、あまりに炊きすぎると、縁側が割れてしまいます。縁側は食べていただきたい部分なので割らないよう、しかも、身をだしガラにしないようにおいしいスープをとるにはどうしたらいいか。どの時点でやめるか、損益分岐点のようなところを見極めます。

煮始めはゆっくり弱めの火で、ぬるま湯につかっているような状態をキープします。これは均一に火を通すため。なんや、ぬるいなぁ、というくらい甘い環境におきます。そして、指でさわってみて、そろそろ熱くなったなという温度になったところで、火加減を最強にする。がーっともちあげたら、火をぽこぽことというくらいにゆるくして、最初のアクを取ります。取ったら、また最強にする、アクを叩き出したら、火を弱めてアクを取る。これを繰り返します。アクには血もあれば、身や骨から出る不純物もある。段階的にアクが出きったら終了。それ以上やるとスープはおいしくなるけれど、スッポン自体はだしガラになってしまいます。

ともかく、すっきり感じられるものを目指します。スープをとることだけに執心しない。スッポンの筋繊維は鶏肉に近く、ひとひらにつながっているため、カスカスになってしまうと、いくら煮直しても元の筋繊維に戻ることはないのです。丸鍋の場合はスープをしっかりとることが大事ですが、お椀に仕立てるときには、すっきりがいいと思います。このスープをとる際、ねぎやしょうがなど、香味野菜は一切加えません。

さて、すっきりしたスープがとれました。そのスープの一部をとって、身を戻して味を入れます。ぐらぐら煮る必要はありません。引き加熱、つまり、冷ましながら味を入れていくのです。スッポンスープと卵の相性はとてもいいので、たっぷりとれるスープで茶碗蒸しを作ります。

器にセルクル*1を落とし込んで、まわりにスープで溶いた卵地を流し込んで蒸します。身のほうは骨を取り除き、スープ少しに、薄口醤油、濃口醤油とみりん各少々を加えて煮る。同様に、しゃぶ餅*2をスッポンスープでさっと煮ておく。茶碗蒸しが蒸しあがったら、セルクルの中にしみ出た卵地を取り出し、空洞になったスペースに、餅、スッポン、餅、スッポンと重ね、セルクルを抜いて、一番上に縁側をのせる。まわりに和風ねぎ醤油*3を散らし、餅を煮た際の少し粘度のあるスープを、あんの代わりに回し入れます。スッポンのおいしさ、品のよさを味わっていただくものです。

*1 製菓などで使用する型の一種。底のない丸い金属の枠。

*2 3センチ四方ぐらいの極薄に切った餅。

*3 小さなボウルに鴨頭《こうとう》ねぎを山にして入れ、醤油をちょっとからめてから熱々にした太白ごま油をジャッとかけたもの。油の量はほんの少量でよい。

深紅きのこ

くろいちじく【black fig】

「熱々」と「キンと冷たい」の温度差を楽しむ。

秋！　大好きな佐渡の黒いちじく*が登場したら、すぐ作り始めるデザートです。このいちじく、自分の蜜《みつ》でコンポートになっているような状態。白いワタの部分がほとんどなくて、皮は極薄。プチプチ感と繊維の開き具合が何ともいいのです。味も香りもすべてにおいて申し分なし。

　これを半分に切って、ひっくり返します。内側のプチプチが先に舌にあたったほうが、おいしいような気がして……。寿司ネタのようにアイスクリームにのせてお出ししていたのですが、もっとおもしろくならないかということで考えたのが「きのこ」でした。こんなきのこが森に生えていたら、間違いなく毒きのこ。でも、こちらはおいしい毒きのこです。

　いちじくのカサの下はごま団子です。いちじくはキンキンに冷たくて、ごま団子は熱々。その温度差を楽しんでいただこうという趣向です。ごま団子の中のあんこは、丹波大納言のこしあん。小豆を炊いてフードプロセッサーですりつぶしたものに、小豆と相性のいいアマレットを合わせています。このこしあんを白玉粉と浮き粉を合わせた生地で包んで、ごまをまわりにつける。これを、粉っぽさが残らないよう、低温の油で15分ぐらいかけてゆっくりと揚げます。

　揚げたて熱々のごま団子に、キンキンに冷やしたいちじくのカサを重ねます。器の下に敷いてあるのは黒ごま。黒ごまの「土」の中から生えているようなイメージです。器にとって、スプーンでざくっとすくって、二口ぐらいでどうぞ、とお出しします。

　秋の紅葉といちじくの中身が同じ深紅。見た目からも秋の気配を感じとっていただける、華やかな一皿です。元々、相性のよいいちじくとごまの組み合わせ。「あったか冷たい」をご堪能ください。

＊佐渡・小木地区特産の黒いちじく。フランス原産の「ビオレ・ソリエス」。商品名は「おぎビオレー」。皮が軟らかく、実が詰まった甘い品種だ。

を動かす。最初は素振りをするぐ
もりで、動かしながら振りおろす
は身にスッと入っていく。しかし、
込むと、ドンと包丁が身に当たり、
んだ数ミリのところは、切れるま
、身を「押し広げる」ことになる。
地点手前から包丁を走らせ、スター
の切り始めはすでに駆け抜けてい
切るのである。
が着陸するときに、ベテランのパ
なら、車輪が地上に着く寸前のス
ところで、機体をスーッと地面に
く。すると、ドンという衝撃を感
すむ。「切る」ということは、それ
。まっすぐ下に向かう力では、身
、さらに押す力が加わることで身
げることになる。それでももちろ
が、切った断面の繊維は乱れてい
ロのレベルで「切れて」いないと、
がない。身に対し、「正しい動き」
「通り過ぎる」から、そこにある
理的に切れてしまう。そういう感
ことが大事だ。
包丁が身に当たっている間は、決

して止まってはいけない。止まれば、その先、必ず身を押し広げてしまうからだ。だから、肩を車軸のように動かし、包丁を走らせる必要がある。切り終える最後の最後まで絶対に手首が垂れてはならない。キメの持ち方を最後まで維持したまま切り終える。手首と腕を固定し、肩で切るという意味が私の話で伝わっただろうか。

　さて、ここで述べたいのは「お造り」のことである。お造りという料理は人間が作るものではなく、元々魚が持っているものを取り出す仕事である。したがって、魚をおろすときの出刃包丁からして、魚の身に対し、刃が切れながら「走って」いないといけない。ここで押し広げてしまうと、そこからどんどん体液がドリップし、身がそれを吸うことになる。そうすると、あっという間に死後硬直がきてしまう。お造りが素材から「取り出す」だけを求められた究極の技術であることを、まず、わかること。切れているお造りは切った断面が料理であり、包丁が通り過ぎた断面をごちそうに変えるくらいに切れていなければならない。

　醤油をはじき返すくらいに表面がツルツルに切れている魚は舌にのせたときに心地よさを感じる。それを、お客様に伝えることがリアルにできなければ「切れ味」という「味」を切ることで表現するレベルには、まだ到達していないということだ。

　お造りの基本はここで語った。あくまで基本である。しかしそれは、包丁を持つ「究極」という名の基本だ。

桜鯛のお造り

ふわっとのせられた桜の葉を取ると、中から現れるのが、桜鯛《さくらだい》のお造りだ。さくどりした鳴門の鯛に、昆布じめの要領で桜の葉をはりつけてほんの一瞬香りを移す。口に含むと、つるんとした舌ざわり。この切り口を味わうのが、お造りの醍醐味だ。添えてあるのは、もやしの桜びたし。桜湯の中で、おひたしにしたものである。

お造り盛り合わせ

右から、ブルターニュのオマールえび（さっと、あぶってたたきに）、本鮪《まぐろ》のトロ、真《ま》鰈《がれい》、いかとキャビア。つまは、吟酒海苔《ぎんしゅのり》（焼きのりを手でちぎり、酒をふりかけて戻したもの）、みょうが、花穂、むらめ、そして、わさびとニュージーランド産のフレークソルト。醤油はお客様の前で注ぐ。器はお造り用に特注したものだ。

「龍吟」造り

左端から時計回りに、伊勢えび（さっとあぶったもの）＋みょうがとむらめ、あおりいか＋柚子皮＋吟酒海苔《ぎんしゅのり》、鰆《さわら》の焼霜＋あられ長いも＋いぶりがっこ（刻んだもの）、鯛＋皮湯引き、山陰の松葉蟹《まつばがに》（さっと霜ふりに）、そして真ん中が、うに＋若豆（さっとゆでたえんどう豆）。

大鰻のこと。

あちらが立てば、こちらが立たず。大鰻《うなぎ》は私にとって永遠のテーマだ。

「鰻は大きいほうがよい」が私の持論。圧倒的な筋肉の力強さ、脂のうまみ、ゼラチン質のねっちり感、そして皮のサクサク感。大きければ大きいほど、ケタ違いのスケールで食べる者を圧倒する。『龍吟』の夏は大鰻なくして語れない。ただ厄介なことに、骨が太いのだ。大鰻は焼き込まなくてはうまさが引き出せないため、骨切りすると、炭火にかざした途端、身の切り口から、うまい脂も肉汁も落ちてしまう。ゆえに、骨を切ることも抜き去ることもできない。鱧《はも》とは違う、大鰻ならではのメソッドを確立する必要がある。

どうすればよいか…。各パーツごとに探ってみる。皮の表面は薄焼き煎餅《せんべい》のような、サクッとした仕上がりに。身はふわっとしていてハリを保ちつつ、うまみのある脂と肉汁は落としきらない状態。実は脂を落とすことは天然鰻において大事なプロセスではない。むしろ落とさないほうがおいしい。焼きすぎるとなくなる身のゼラチン質の食感も残し、骨がまったく気にならない状態。これを追求したい。

鱧同様、骨の処理については、病院に連れていき、CTスキャンにかけた。すると、意外なことにCT値が低かった。骨は太いが硬度がないのだ。だから、鱧のように細かく切らなくてもよいことになる。ただ、太い骨はどうしても感じるし、口の中に刺さる危険性すらあるため、安全上は処理が必要である。

CTスキャンでわかったのは、対処すべき骨は上半身1列と、下半身の2列だけ。先端の尖《とが》った細い医療用ハサミを筋肉の中に差し込み、内部で骨を切る。すると、筋肉への負担を最小限に留めつつ、見えない骨を切れるのだ。これで、超特大鰻でも骨を感じさせずにすむ。包丁で適当に切って感じにくくしているのと、骨をまったく感じないよう完璧に処理するのとでは、別次元の完成度だ。これを発見してから、うまさを表現する幅が一気に高まった。

次は皮である。鱧のように骨切りをした場合、切り口から水分が出てくるので、蒸せないのだが、医療用ハサミのおかげで、骨を切った身の傷跡が小さいため、水分が漏れにくくなり、蒸すという選択肢の可能性が生まれてきた。身は「地焼き」がいい。しかし、皮は蒸したほうが、焼き込むにしたがってサクッとなる。皮を薄焼き煎餅のような食感にするにはどうしたらいいか。蒸して皮がゼラチン化したものを焼くと、サクッとした煎餅状になる。生のまま焼いた皮は硬いだけ。皮面は蒸して焼いたほうがおいしい。皮をサクッとさせる秘訣《ひけつ》は、皮から脂を出すこと。皮は縮むが、身はさほど縮まないため、皮がバネのようになり、自ら剥《は》がれてしまう。それを緩和するため、皮の厚みの半分まで傷をつけるような感覚で切り込みを入れる。こうすれば、脂もうまく吹き出すし、バネの力が弱まり、縮まなくなった。皮の剝がれが防げたのである。

さて、その蒸し方だが、「断熱板」を使って、皮だけを蒸していく。断熱板の上にキッチンペーパーを厚く敷き、串を打った鰻を、身を下、皮を上にして、4分間スチーマーに入れると、皮だけをゼラチン化させることができる。皮だけ蒸せて身のほうはまだ透明。

身を焼くときは、最後まで強火で地焼きにする。まず身の表面一層だけ、素早く脂を沸かせるように焼き、炭の香りをまとわせる。直後に鰻ダレを霧吹きで薄く吹きつけ、そこを炭火であぶる。それを繰り返して、焼けて香ばしくなったタレが、身の上に幾重にも折り重なるように仕上げていく。

何度も薄くのせたタレが色づいてくる様子を目で確認しつつ、筋肉への火の入り具合、脂の残し加減、焦げ色の具合がすべてベストなタイミングで仕上がるように計算して、艶《つや》よく焼きあげる。霧吹きを使うときは、バットの上で作業をする。そして皮に移る。皮から湧いてくる脂の量を見計らいながら、炭の火力を調節する。強い火をあてると脂は引っ張り出せるけれど、むやみに落とすことにもなるので、鰻自体がもつ脂ののり具合とその脂の質によって調整する。炭火の力で、焼きながら揚げている状態にする。皮も霧吹きで2回タレをのせる。このプロセスをもって、あっちも、こっちも立った鰻になった。

私は鰻全体をタレにつけたりはしない。タレの継ぎ足しもしない。今焼いている鰻のピュアな味を伝えたいからだ。タレのうまさより、鰻そのものがおいしいと感じてもらいたい。また、パリッと焼き込んだ鰻は、タレの中につけることで、焦げた香りをタレに移すことになり、元ダレの味は少しずつ苦くなってくる。脂が混入すると酸化促進にもつながるからだ。

最後の仕上げは、バットに落ちたその鰻のエキスの塊のタレを集めて、刷毛《はけ》でぬり、うまみ味を戻す感覚で仕上げる。

白焼きのほうも、焼き方はまったく同じ。仕上げのときに一度だけ、酒で割った醤油を霧吹きでさっと吹いて香ばしさをつける。塩とわさび、鰻のタレで炊いた肝を添えている。

大鰻の炭火焼き

木の芽焼き　白焼き

日本料理の可能性。

私が料理人になると決めてから、数ある料理のジャンルの中で日本料理を選択し、修業の道を決断したのには、ちゃんとした訳があります。日本料理は、日本人がもつことのできる本物の一つだと信じて止まなかったからです。日本料理の本物があるのは、我が国日本のみ。そこに命を懸け、生涯の仕事として続けていくことは、日本人としての誇りである。10代のときにそう感じて、この世界に飛び込んだのでした。

当時の私にとって、フランス料理や中国料理は料理の中での外国語。その文化も私のDNAには入っていない。それに比べ、日本料理はいわば母国語。日本人が日本から発信していけるもの。それができるのは日本料理だけ。もちろん今は、フランス料理も中国料理も日本から発信していますし、この二つの料理は世界共通言語を、すでに勝ち取っているジャンルなのです。

日本料理は正しく修業する必要がある。これは何より重要なことです。しかしながら、伝統を重んじるあまり、そこから一歩も出ていないのではありませんか。先人たちのやり方を、なぞらえることだけが、はたして今、大事なことなのでしょうか。もちろん、先人が至った境地を探るべく料理をする方法もあります。なぜ、先人たちはこんなやり方を考えたのだろう。その真意はどこにあったのか。そんなふうに「古き」をたずねることは、とても大事です。しかし、そこに留まるだけでなく、「新しきこと」を作りあげる。つまり、温故知新こそが今、求められていることではないのでしょうか。

私、山本征治の料理は、なぜこのスタイルなのか。なぜ、ここに至っているのか。今ハッキリお話ししておきたいと思います。

料理は発展していくものです。なぜなら、昔と今では、環境が違う。10年前、20年前と今では、キッチンツールにしても情報にしても享受するものが違います。

にもかかわらず、昔の人たちがそのときに至った境地（もちろん、当時は最高だったものですが）を愛《め》でているばかり……。昔の人が「今」の我々を見たら、あなたたちのまわりにどれだけ夢のような素晴らしいものがあるのか、認識しているのか。なぜ、それを活用せずに過去のままを踏襲しているのか。それは怠慢ではないのか。そう言われるに違いないと思うのです。君たちは何をしているのかと、先人たちから問いかけられている気がして仕方がないのです。

昔から伝わってきたものが基本となり、それに携わってきた、たくさんの方々の英知が合わさり、日本料理の一つのスタイルができあがったのは間違いありません。先人たちに感謝です。そして、我々はゼロからスタートして学んできているわけではないのです。すでに日本料理界の先人たちが到達したところから、私たちは教わってきた。でも今、そこで進化が止まっているのではないか。そこから発展させせようとは、しなかったのではないだろうか。発展する可能性を止めてはいけない。日本料理というと、とかく、歴史だ、文化だ、伝統だと、形式ばかりが重要視されて、何か新しいことをやろうとすると、すぐに否定される。「出る杭《くい》は打たれる」なんて、日本にしかない言葉です。

それは、日本人の中に、料理の母国語である日本料理の価値というものが、ガッチリとできあがっているから。そこに新しいものを入れていこうとするのはむずかしいことになる。何かを吸収したり、改良したり、洗練させたりしていくことは得意かもしれませんが、オリジナルを創造して、0を1にしていくことは、実は我々はそんなに得意ではないのかもしれません。だから、発展してきた経路もアレンジ止まりで、世界戦をあまりに知らなすぎる。

私は、最初に徹底的に基本を学びました。それは、すでに先人たちが築いてくれたことを丁寧になぞること。先人たちの敷いてくれた道を、私はただ歩いているだけ。その道の先に、今度は自分たちが道をつなげていかなくては、今を生きる料理人として、存在していく意味がない。自分が料理人として、生きた証《あかし》を残せるようにならなければ、先人たちに甘えただけなのに、さも料理人人生を全うしたかのように錯覚し、人生を終えてしまうことになる。私は何度も何度もこのことを考えて、自らの胸に手を当ててきました。

この業界に貢献していきたい、これからは日本料理の可能性を打ち出し、きちんと形にして自分の中に描けるすべてのことを世に公開していこう。私は、そう思うに至っているのです。

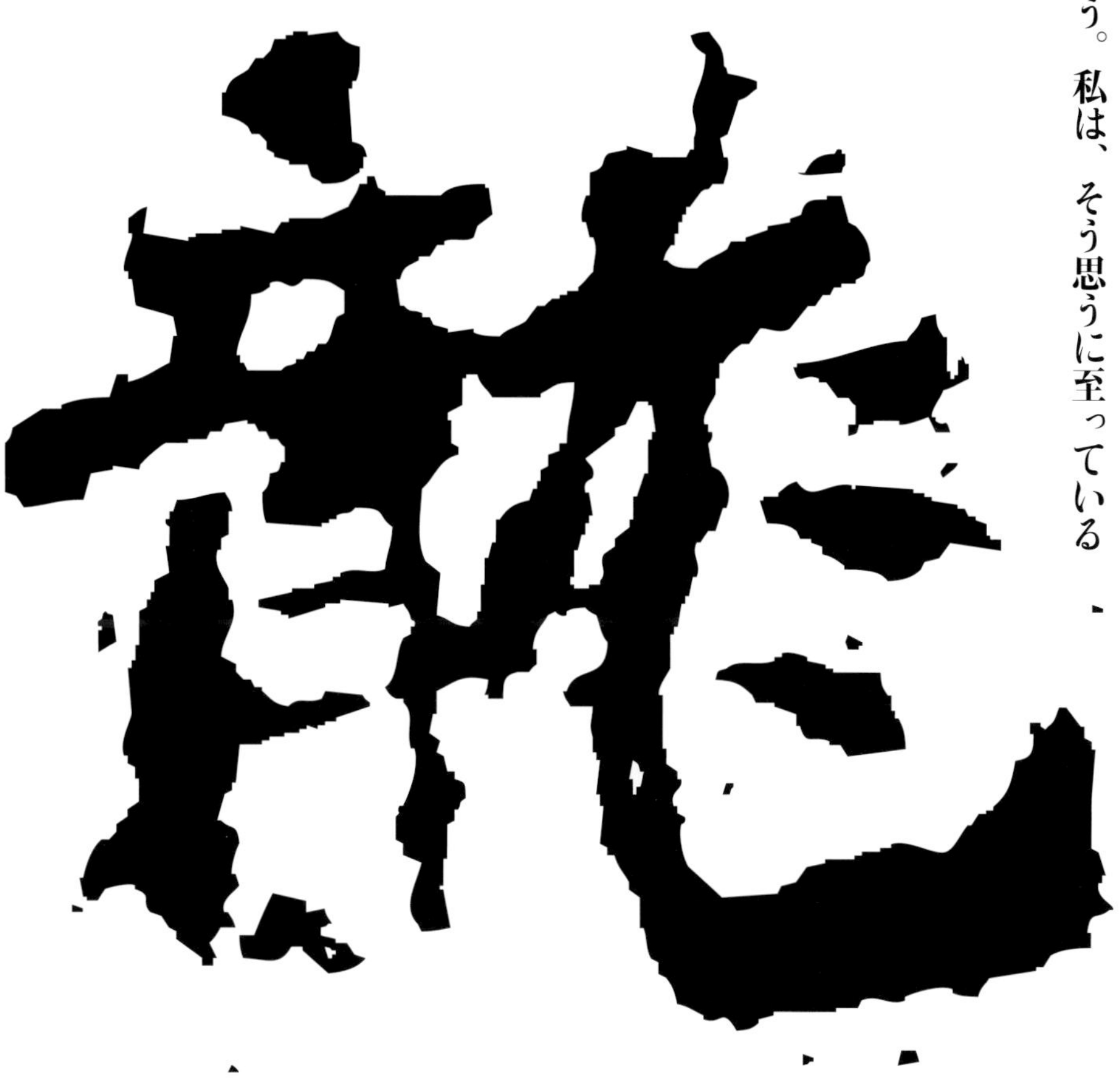

野鴨

野鴨

かも【wild duck】

日本料理にもジビエを味わう喜びを。

フランス料理のように、ジビエ[*1]を濃厚なソースで味わう、それが冬の愉《たの》しみ。といった感覚は、日本料理にはないものでした。そこに可能性を求めた結果がこの料理です。とはいえ、日本にも昔から狩猟文化はありました。冬になると猪《いのしし》や鹿を撃ち、雉《きじ》や鴨《かも》を獲《と》る。その中で発展してきた郷土料理もあります。治部煮《じぶに》だったり猪鍋《ししなべ》だったり。でも、それをコースのメインに据えようという試みはさほど多くはありませんでした。もし、ジビエに食材としての可能性があるならば追求したい、向き合っていきたいと思ったのです。

日本料理のコースには、あまり「メイン」という感覚がない。『龍吟』では「メイン」をはっきりとおきたくて、必ず肉料理をお出しします。鴨料理もその一環。鴨のおいしさとは何ぞや。ジビエのおいしさとは何ぞや。そこを求めることが大事だと思っています。

フランス料理におけるジビエの扱いでは野性味に重きをおきますが、野性味を味わおうとすると、それに負けないソースが必要となる。そうして、いろいろな料理が生まれてきたのですが、日本料理ならどうするのか。やはり、素材として鴨そのもののおいしさを求めることに尽きるのではないでしょうか。

散弾があたっている鴨は身が安定せず、傷から劣化するから避けたい。傷のない鴨はいないだろうか。そんなとき、無双網《むそうあみ》猟の存在を知ったのです。網で獲る鴨の何がいいか。傷がないから、血が抜けていないのです。

鴨のおいしさは血にある。赤身がおいしいのです。その赤身のおいしさをどう伝えるか。日本料理には鰹《かつお》のたたきという赤身に対する必殺技がある。「わら燻鰹（12〜13頁）」でもお話ししましたが、わらで燻《いぶ》すわけです。鉄分や血の酸味がわらで燻すことで、だしのようなおいしさに変わる。それを鴨に応用できるのではないかと考えました。

皮はパリパリッ。その下に若干の脂肪がついている。身はロゼで肉汁が中でギリギリ踊っている感じ。噛《か》むと、だしのようなうまみのある肉汁が口中に広がる。そんな状態を求めたいと、何度も試作をして、肉の状態は比較的早い段階で確立できました。一番困ったのは皮です。水鳥は、お尻から水をはじくための分泌物を出す。鴨は羽を水に浮かべてもまったく沈まないのです。全身防水シート状態。同じ鳥類でも、鶏や鳩《はと》とそこが違います。鴨は自ら分泌する脂で全身をコーティングしているのです。さらに、羽を取り除いても、表面はろう質に覆われています。だから、いくら干しても乾かない。表面をゆでて、皮をピンと張らせた状態でも乾かないのです。そこがアヒルとも違う点です。

では、鴨の皮をパリパリに仕上げるにはどうしたらいいのだろう。干せば干すほど、皮の表面のろうが硬くなっていく。でも、そこをくずさない限り、パリパリにはならないのです。どうしたら、そのろう質を剝《は》がすことができるのだろう。いろいろなことを試してみたのですが無理でした。ある日、毛焼きをしているときに、ろう質がすこーし剝がれるのが見えたのです。干してみると、その剝がれたところは乾く。ならば、剝がせばいいのではないか。

　そこで、表面のろうをあぶって溶かし、舌の汚れを取るブラシでこすってみたら、ろうがきれいに取れるではありませんか。これはいい。まず毛をつるつるにして一瞬湯につけ、身をパンと張らせます。タオルドライして表面を焼き、ブラシで1枚ろう膜を剝がし、干[*2]します。すると、パリパリに乾く。これは大発見でした。この処理を施さなかったら、焼いたときにはパリパリになるけれど、すぐに戻ってしまうのです。

　きれいにろうが取れたら、61℃のオイルバス（21頁）に入れます。芯温が56〜57℃ぐらいになるまで40分ほど入れ、[*3]肉汁の流失を防ぎます。たんぱく質に火が通るのと、繊維が縮まって肉汁を押し出していくのと、温度帯の一番いいところのバランスをとって火入れします。仕上げは、炭火で焼いてわらのスモークをかける。皮はパリパリ、肉汁はあふれんばかりに閉じこもっている状態にもっていきます。添えるのは、わさびと塩のみ。ソースは必要ありません。なぜなら、うまみのすべてが、すでに鴨の中にあるからです。

　この料理の理《ことわり》は、先人たちが考え出した赤身の肉に対するテクニック。わらで焼くことで、こんなにもおいしさが広がるということです。先人の叡智《えいち》に感謝です。

*1 狩猟で得た野生の禽獣《きんじゅう》、その肉。
*2 ベランダに蚊帳《かや》をかけて、さらに扇風機の風を送って干している。
*3 58℃ぐらいから、中で筋繊維が縮んで肉汁が切り離されるので、縮まないギリギリのところを狙う。肉汁は外に出よう出ようとするが、出るところがないから身になじんでいく。その状況をゆっくりと与えることで、口の中で、ジュワッとスポンジのように肉汁が出る状態が可能となる。また、温度が上がると、骨の隙間などから肉汁が意地でも外に出ようとする。オイルバスならそれが見えるので、ほんの少し下げるなどして調整する。詳細はYouTube参照。

筍焼き貝

筍焼き貝

たけのこ【bamboo shoot】かい【shellfish】

春の出合いを技術の進化とともにダイナミックに表現。

春になるとおいしくなる貝。食感もさることながら、うまみがしっかり伝わる貝と、筍《たけのこ》を合わせて、春らしい季節感を味わっていただく一品です。調理法ではなく、扱いに目を向ける。筍の扱い、貝の扱いに注目です。

まず貝。一口に貝といっても、形状はもちろん、内部構造は種類によってまったく違うものです。ほっき貝にはほっき貝のメソッド、みる貝にはみる貝のメソッドがあってしかるべき。一番おいしい状態も貝によって異なります。貝をよりおいしく食べるためには素材を熟知すること。どこにどういう臓器があるのか、同じワタでも、ふぐの可食部分と不可食部分を分けるように、取っていい部分と取らないほうがいい部分がある。貝のすべてを学ぶことが大事です。それが必ず、進化につながっていきます。知らないと危険でもあり、知らないとおいしいところをむざむざ捨ててしまうことにもなる。

貝が旬を迎える春には、手に入る限りの貝を集め、解剖するように部位を切り取って、焼いて食べてみる、あるいはそれぞれの貝に合う調理法を模索する。そんなことを盛んにやります。貝に真摯に目を向けることによって、表現できる幅が増えるはずです。一つの貝でも、この部分をこうしたいという、目指す完成形が自分の中にないといけません。

たとえば、肝をおいしく食べる方向にもっていきたいとする。ちょっとあぶったほうがおいしそうだ。生の貝の磯っぽさに、醤油風味で香ばしく焼かれた肝がうまくのって一体化している、そういう状態を作りあげたい。そのためにはどうしよう……そんなふうに、一口に炭火で焼くといっても、どんな表現がしたいかわかっていて、かつ、キッチンのチーム全員で共有して進むことが大事なのです。

貝は炭から立ち上る裸の火、「おいしい火」で焼きます。水分量の多いところにちょっと醤油をなじませて、そこをバチバチッとあぶることで、たたきに近いような状態にします。

次に筍です。シュウ酸とホモゲンチジン酸

というアクがあるのは周知の事実。ぬか炊きして冷めるまで湯止めして……と習った通りにしていましたが、それでほんとうによいのか。疑問を投げかけてみました。筍を炊く場合、切り分けて身の部分を露出させたままで炊きます。味は入りやすいけれど、同時に味がぬけやすい。筍そのもののおいしさは外に出ることなく、アクを上手に抜く方法があったら、筍は制覇できるのではないか。

今、『龍吟』では、筍が届いたら、一刻も早く皮つきのまま揚げます。200℃の米油[*1]で25分間。外はパリパリ。焦げた状態です。引き上げてそのまま25分休ませます。余熱効果で水分が落ち着いたところで、皮をむいて中の身を取り出します。根っこの硬いところはぐるりとそぎ取り、半分に切る。香りと甘みはどこにも逃げていません。自然の蒸し釜の中で揚げている感じです。

それに味を含ませるのですが、実は煮ない。アルカリイオン水でとった昆布だしに追い昆布をし、鰹節《かつおぶし》を入れ、塩、薄口醤油、みりんを加えて、そのまま2枚ボウルで10℃[*2]に冷やしてから、アルカリ度を上げるために備長炭を1本入れます。これを筍とともに真空袋に入れて真空にかけます。減圧されて、筍がだしを吸う。仕込みの状態でそこまでしておきます。

それを温めたら、どこからどう見てもおいしい筍の煮物が完成です。だしのうまみが筍の中に入り、かつ、筍のうまみや甘み、香りが抜けるのを最小限に抑えることができる。これを発見したのは、つい最近のこと。2012年バージョンです。

＊1 一般的に、筍のアクは米ぬかでぬく。筍を揚げる際、同じ米からできた米油を使っている。「揚げる」という手段は、筍の全身がどっぷりつかるからムラなく加熱できるからよい。焼く場合は、筍の形が平らでないため、どうしても焼きムラができてしまう。
＊2 10℃を超えると、真空にすると沸騰する。

流 花山椒

はなざんしょう【Japanese pepper】

しめの薄茶のような飲む前菜。
季節感を鮮烈に感じる一品。

一瞬「おうす」に見えましたでしょう。実はこれ、コースの中で口開けにお出しするものです。あれ、最初から「しめの一服」ですか、というサプライズです。

料理そのものはシンプルな仕立て。新じゃがに新玉ねぎを合わせ、すり流しに。そこに、すり鉢ですった花山椒《はなざんしょう》と木の芽を加えたもの。

まず、太白ごま油で薄切りにした新玉ねぎと新じゃがを炒める。スエ*するように。じゃがいもが透き通ってきたら、昆布と鰹節《かつおぶし》のだしを入れて煮る。煮くずれたらフードプロセッサーにかけ、塩と薄口醤油で調味する……と細かく書きましたが、実はテルモミックスだけで作っているのでした。

木の芽と花山椒の香り、季節感を楽しんでいただこうというものですが、なにしろ、この一品からスタートするので、あまりビリビリきても困る。それをマイルドにしてくれるのが太白ごま油です。少しだけ脂肪分を入れることで、いつまでも口に残らない。後々まで響かないのです。

＊素材のもつ水分をしみ出させるよう、蒸すように炒めること。汗をかかせるように炒めることから、この呼び方になった。

炭焼き煮つけ

きんき【shortspine-channel rockfish】

煮つけに炭の香りをまとわせ、煮ものと焼きもののいいとこどりを企む。

魚の煮つけは、日本人なら誰もが知っている料理です。いろいろな煮つけがありますが、私は甘辛い、ごぼうの入ったアラ炊き風が好みです。ただ、それはあくまでおかず的存在。骨もある。味も素朴というか野暮ったい。外国人にも伝わりやすいけれど、食べにくい。ガストロノミックにするにはどうしたらいいかと考えました。

煮つけは煮た魚のおいしさを伝えるもの。煮汁がからんだところを食べてほしい。そこからさらに進んで、「香ばしさ」をまとったらどうなるか。どんどん考えは進みました。煮つけには醤油が入っている。それをあぶれば、煮汁の香ばしさが引き立ってさらにおいしくなる。煮つけに足りないのは香ばしさかもしれない。もしかしたら、香ばしさを添えることで、煮つけをバージョンアップできるかもしれない。

まず、きんき[*1]をおろし、身とアラに分けて、アラはアラ炊きに。煮汁には、頭やヒレ、口のまわりなどから出たゼラチン質が溶け込み、甘辛くておいしい。贅沢《ぜいたく》にもこの煮汁だけを用います。身のほうは開いて、焼きなす[*2]を巻き込み、串を打って皮目だけを炭火で焼く。身には火を通しません。そして、先ほどのアラ炊きの煮汁で煮ていく。煮汁は皮目に触れないようにし、焼きなすを巻いているその隙間にだけかけ、香ばしい煮つけを作ります。火を入れる時間は1分半ぐらい。煮つけ的食感ではなく、やっと火が入りましたという状態を狙います。

添えのごぼうは、かつらむきにして細く刻み、太白ごま油できんぴらにして、アラ炊きの煮汁で味をつけます。大ぶりの器にごぼうを置き、煮つけをのせて、たっぷりと煮汁をはって、針しょうがと木の芽を散らします。身は、焼き物の一番いい状態のように、ほろっとくずれる感じに火が入り、皮は炭火で焼いたときのパリッと感も残しつつ、炭の香りをしっかりまとっている状態。

身をくずしつつ、煮汁に染めながら召しあがっていただきます。これがまあ、おいしい。さらに、中からくたっとなった焼きなすが出てきて、そこにごぼうが味を添える。焼き物みたいだけれど、豪快に身を食べられる煮つけです。塗りのスプーンを添えて、煮汁ごと召しあがってください。

*1 きんき。喜知次《きちじ》ともいう。
*2 焼きっぱなしで皮をむいただけのもの。

白アスパラ白和え

ほわいとあすぱらがす【white asparagus】

白和えの可能性は まだまだ広がっていく。

さりげない一品ですが、私のスペシャリテの一つです。アスパラガスには、どこかにとうもろこしの香りがありませんか。それを白和えで表現してみました。白和えというと和え衣に使うのは豆腐ですが、豆腐だけだとつまらない。そこで一工夫。衣にとうもろこしを加えてみました。

焼きとうもろこしの実*だけを裏ごしして、なめらかなとうもろこしのピューレを作ります。これを白和え衣の中に入れると、とうもろこしの香りのする衣ができる。それを白アスパラと合わせます。白アスパラは皮をむいて、穂先と中間と根元の三つに分け、干しえびのだしに根元から入れていく。穂先はパリパリ。根元のほうはだしを吸って軟らかい。食感を変えることがポイントです。適度に冷まし、地からあげて、とうもろこし衣で和えるだけ。器に盛って、生のホワイトアスパラを縦にスライスしてくるんと結んで、白ごまと黒ごまを混ぜたごま塩をぱらり。ごまはアスパラの水分で自然に吸いつきます。

ヨーロッパには、桜前線のようにアスパラガス前線があるというのを聞いて、香川県生まれの私は発奮しました。というのも、香川県はアスパラ生産が盛んで、甘みが強く太くて軟らかい、いいアスパラがとれる。暖かい土地ですから、1月から出荷されます。日本料理として、このアスパラでどういう表現ができるか。

アスパラは、火の通し方やだしの含ませ方で、表情を変えるところが魅力。穂先のほうはまだ芯があるくらい、根元に近いほうは軟らかく炊けていて、噛《か》むと中から干しえびのだしがジュワッと出てくる。真ん中はその中間と食感を変え、とうもろこしの香りがする香ばしい白和え衣で和えます。

豆腐は味が淡いので、いろいろな野菜のピューレを加えることで、異なる風味をまとわせることができる。変わり白和えをいろいろトライしています。ごまを入れてみる、というのは誰でもやっていることですが、これでいちじくを和えてみたらおいしかった。トリュフ、これは全然ダメでした。このわたは大失敗。かぼちゃ、桜の葉と花、ピスタチオはおもしろい。そんなふうにして楽しんでいます。

＊コーンカッター（169頁）を使うと簡単に実がはずせる。

トリュフそば

とりゅふ【truffle】

「ぬるめ」の冷たいそばを熱々の蛤スープで。

しめのご飯のあとに、まだもう少し何か食べたいというお客様のために、おそばはいつもご用意しています。

そばの香りとトリュフの香り*。この二つの香りが合うと思って試してみたところ、見事にマッチしました。一見、のりがかかったざるそばに見えるかもしれませんが、上にのっているのはトリュフです。ミクロプレーンで削って、パスタにチーズというイメージでたっぷりふりかけます。

ポイントはそばの温度。そば屋でつるっと食べるほど冷たくはしない。ゆであがったら冷水でしめるのですが、そのあと、ぬるい水に通して温度を上げています。20℃ぐらいでしょうか。もう少し冷えているといいなという温度。なぜなら、つゆは熱々だからです。蛤《はまぐり》でスープをとるのですが、白濁するまで煮詰めて、うまみを絞りきります。蛤は完全なだしガラです。味つけは蛤の塩分だけ。濃厚なスープとトリュフが合うのです。しかも、トリュフのからまったそばを熱いつゆにつけると、ぐっと香りが立ってきます。その瞬間をつるつるっと食べる。おいしい。トリュフと蛤もまた相性がいいのです。

そばはすでに完成したもの。香りをつけるか、たれを替えるくらいしか余地がありません。そばの香りに対してマリアージュはできないか。完成されたそばという世界での冒険はできないか、と考えた結果がこれです。変わりそばとも違う。ざるそばに、のりをのせすぎじゃないの、という感じで仕上げます。

＊フランス産の極上のものを使用。

かき氷

かきごおり【shaved ice】

氷そのものに淡い味わいと風味をつけてパワーアップする。

子供の頃、縁日の屋台で、いろいろなお菓子を目にした楽しい思い出。どなたにもあるでしょう。その頃、よく思ったのが、なぜ、綿あめを割り箸に巻いているのか。もし、ポッキーだったら全部食べられるのに。あるいは、割り箸にまずバナナやいちごを刺しておいて、そこに綿あめを巻いたら、フルーツの砂糖がけみたいで楽しめるのでは。そんなことを母に話したのを覚えています。5〜6歳の頃のことです。その思いを、大人になって、しかも料理人になったので、実践してみようと思い、串にいちごを3粒刺して、綿あめを巻いて出したこともありました。

アイスコーヒーも同じです。なぜ、ただの氷なのか。今はそうしている方も多いのですが、コーヒーを凍らせた氷を入れたほうがいいのに。かき氷もそう。ジュースを凍らせた氷をかいたほうがもっとおいしくなるはず。そう思っていました。

最初は、和三盆を水に溶かして凍らせ、削ってみたのですがうまくいきません。砂糖が入ると、空気を含まなくてふわっといかない。

ならば次は香り。そこで考えたのがハーブティーです。*アンフュージョン・メランジェです。それを凍らせてかき氷に。蓮《はす》の葉の上にかき氷と桃を積み上げ、ゲストの前でソースをかける。そんなデザートを考えました。ソースは完熟マンゴーのピューレと練乳を合わせ、ほんの少しコアントローを加えたもの。

りんごあめ、たこ焼き、綿あめ……精神が宿るという話ではないのですが、屋台で子供の頃食べたものは、日本人なら誰もが知っているもの。かき氷も同じです。食べたときに劇的においしかったり、進化を感じたりしたら、心の中に和のデザートとしてストンと落ちる。マンゴーのピューレを使ったり、リキュールを忍ばせたりすることは一見「洋」かもしれませんが、こういう表現をすれば、誰が召しあがってもかき氷とわかりますね。日本料理のデザートとしての可能性も広がると思います。

マンゴーの代わりに、いちごジャムでも柚子のソースでも合いますよ。

*レモングラス、ミント、リコリス、レモンバーベナ（ベルベーヌ）などをミックス。

あってもいい法則。なくてもいい法則。

料理とは、素材に何かを加えたり、組み合わせたり、あるいは不要な要素を引いたりして作るもの。日本料理はよく「引き算の料理」と言われますが、それは、手をかけすぎない、という意味だけではないと思うのです。粘土のパーツを組み合わせてマリア像を作るという作業ではなく、一本の木材から元々中にある必要なものを残しながら削っていき、そこから観音様を彫り出すようなことだととらえています。

元々、そこにあるものを見つけ出し、掘り出していく。そこに、日本料理の究極の姿が存在すると思うのです。

「引き算」＝「本質を取り出す技術」だと考えます。それは、素材を生かしきるということでもあります。

この素材で何が表現できるのか……素材と真摯に向かい合い、素材のもつ生命体がそこに宿るような料理を生み出す。それこそが、素材を生かすことにつながる。鯛《たい》でも、えびでも、鮑《あわび》でも、もし素材がしゃべれるのなら、「私を殺して料理するなら、私の一番いいところを壊さないようにしてよ」と、料理人に訴えているに違いない。その声がきちんと聞けているかどうかが大事だと思うのです。

むずかしいのは「足し算」の世界。ピュアな部分同士をどう掛け合わせるのか、とてもデリケートな問題です。ワインと同じく、料理にも主要品種と補助品種がある。カベルネ・ソーヴィニヨンだけではなくて、メルローを少しブレンドするとか、プチ・ヴェルドを加えることで、複雑味や深みが増して、表現が豊かになる。それが、あしらいであったり、つまであったり……。ワインの勉強もさせてもらって、料理にそういう考え方をもってくるのもいいな、と……。

よきアシスト素材を加えることで、日本料理の「表情」が出てくる。「色気」であったり、「爽快感」であったり。それを、これ以上も、これ以下もない、ここしかないという着地点に落とす。「針の上に立つ」という表現がありますが、そんな料理もあるのです。

料理というのは、すべての「なぜ?」に明確に答えられないといけません。そこで何を考えればいいのか。その料理に何かを加える場合、これは絶対必要なのか? ないよりあったほうがいいのか、どっちでもいいのか、ないほうがいいのか、あってはいけないのか……と必要度がいろいろあると思います。あったほうがいい、までが使えるボーダーライン。どちらでもいいなら、ないほうがいいかもしれない。そうした段階的必要度が、料理を考えているときにパッと瞬時に見えなくてはダメなのです。それがわかれば、上手な足し算の組み立て方ができるようになる。

足し算と引き算の理屈がわかれば、料理は構成できる。メッセージを皿の中に込めることもできる。そして、それをサービススタッフと共有することで、お客様に伝えることもできる。そうすれば、その料理がその店の料理になっていく。これは私の中で「基本中の基本」としている考え方で、料理人として、身につけるべきものだととらえています。

貝尽くしご飯

貝尽くしご飯

かい【shellfish】

海鮮丼を超える、
贅沢海の幸ご飯を。

うにご飯や海鮮丼は、どなたもがお好きなものです。ただ、いずれも刺身のせご飯の域を出ない。下がほんのり温かいシャリで、上には冷たい新鮮な魚介といった温度感のバランスを、丼物でいただくのはあまり好きではありません。わさび醤油をかけて食べればおいしいのはわかるのですが、それだけだと、いかにももったいない。それならば、完成度の高い軍艦巻きを食べたほうがいいように思ってしまうのです。

丼物ではない、贅沢《ぜいたく》な海の幸ご飯はできないものか。寿司ではなく、炊き込みご飯を貝中心にまとめてみることにしました。材料によって火の通し方を変える。それぞれにふさわしい火の入れ方をしていきます。うにと小柱は生ですが、常温に戻しておく。蛤《はまぐり》は殻ごと焼く。鮑《あわび》は6時間蒸して熱々に。車えびはさっと火を入れて色出しし、殻をむいてほんのり温かい状態、でも中はレア。浅蜊《あさり》は水と酒を入れて火にかけて口を開かせ、蜆《しじみ》も入れます。この浅利と蜆のスープでご飯を炊く。ご飯が炊きあがったときに、用意した貝とえびをドンとのせます。

ただ、これだけでも十分においしいのですが、さらにもう少し……。鮑のだしをあんにして、上からさーっとかけます。それを、スコップのようなしゃもじで、ご飯ごとすくって茶碗に盛る。内容充実、ボリューム満点なので、しめのご飯には重すぎる。「コースを軽くしていいから、これを食べさせてほしい」というリクエストが今もくる、『龍吟』開店当初からの人気メニューです。

のれそれこのわた

食感の違いを重ねることで
生まれるサプライズ。

のれそれ【conger-eel fry】

告白しますと、ふな寿司や塩辛など発酵系珍味が苦手です。そのせいもあって、『龍吟』で珍味類を使うことはほとんどありません。ただ、これだけは例外。超極上このわたに巡り合い、いやなところが一つもなく、香りと塩分濃度とうまみが日本酒とよく合う。そこに可能性を感じました。このわたはそのまま食べてもいいし、茶ぶりしたなまこと、とも和えにしてもいい。

新玉ねぎとオレンジの皮で、のれそれをあえた「オレンジのれそれ」*という『龍吟』のスペシャリテがあります。お造りの中の一つとしてお出ししているのですが、のれそれとこのわたを合わせてみたらどうなるのか、とやってみたら……。これがおいしかった。好相性だったのです。のれそれは味がないけれど、このわたにはしっかり味がある。のれそれと同じ長さにこのわたを切って合わせたら、からまり具合が絶妙でした。どちらもぬるっとした中にも、噛《か》むとしっかり食感がある。あとは三つ葉のシャキシャキがあれば完璧。柚子も細く刻んでのせます。ずるずるっと食べたときに、何とも心地よい食感。日本酒の好きな方にお出しすると、大事にしてもらえるのではと思いました。

＊新玉ねぎのみじん切り、オレンジの皮を削ったもの、オレンジの搾り汁、醤油を加えてのれそれを和え、鰹節《かつおぶし》をかけたもの。

はぜの空豆包み

はぜ【spiny goby】

一瞬の食感を狙う。
火入れの「時」をとらえる。

春先によく作る一品。

ある日、天ぷら屋さんで、はぜを食べて驚きました。口の中でふわっと消えた。魚なのにすっとなくなったのです。「これだ」と思いました。最初、きすで作っていたのですが存在感がありすぎた。もっといいものはないかと探していたのです。やってみると、綿毛のようにほわっと消えた。香港にミルクフィッシュという魚がいて、口の中でまるで液体化するみたいにトロンとなる。衣だけが残る感じ。それを理想としました。そして、天ぷらほどは揚げない。天ぷらの凝縮感を求めるのではなく、身の繊維がくずれる瞬間、ほろほろっとなるところを狙うのです。

はぜは三枚におろして腹をすき、粉を打って卵白にくぐらせます。そら豆は生のまま砕いてバットに広げ、はぜを軽く押しつけながらそら豆をまとわせていきます。これを、180℃に熱した太白ごま油で揚げる。そら豆を砕いて表面積を増やしているため、そら豆のまわりだけを揚げているような感じになります。豆の香りがぐっと上がる。そして、表面がカリッと香ばしい硬さになる。その状態のそら豆を見極められれば心配無用。中のはぜもベストの状態になっています。

さて、もう一つの主役がキャビア*。ガレットのようにサクサクしたものか、ポムピューレのようなねっとりしたものに合わせるのが一般的。それを、カリッ、サクッと揚がったそら豆に合わせます。春らしい豆の香りの中でキャビアを食べるのが命。温度差もまた楽し。口に入れるとふわっと消えるはぜのテクスチャーも大事です。

キャビアはただのせるだけでは意味がない。キャビアがあることで全部がよくならないと意味がない。キャビアがあって全体がおいしく、そして美しくまとまっているのです。

＊ベルーガと呼ばれるチョウザメの中ではもっとも大きいものの卵。近年、漁獲量が減少し稀少価値が高い。

甘鯛さくさく焼き

あまだい【tilefish】

ウロコ、身、尾、それぞれに狙い通りの仕事をする。

甘鯛《あまだい》はウロコまでさくさくっと食べていただく。だから、この料理に限っては小さいほうがいい。ウロコをつけたまま三枚におろし、身のほうに塩をします。間違ってもウロコの側に塩はしないこと。ぬめりが出てしまいます。フィレ状態になっている甘鯛に串を打ち、ウロコを揚げていきます。普通はウロコに油をかけながら揚げたりするのですが、私のやり方はちょっと違います。平らなバットを用意して、バットの表面すれすれまで、いっぱいに油を熱します。150〜160℃ぐらいが目安。串を持って、ウロコの側を熱した油にあてて、ウロコを立たせます。ただし、いきなり高温だと散ってしまう可能性があるし、皮目に塩があたっていても立ちません。全体にきれいにウロコが立ったところで、温かいところに置いて休ませます。余熱が身のほうにまわったところで、190℃ぐらいでもう一度揚げる。二度揚げすることで、ウロコを完全にチップ化するのです。ウロコがフィックスしたら、そのまま炭火にあてます。すると、油がぽたぽたと落ちる。白い煙がふわーっと上がる。甘鯛に炭の香りをしっかりまとわせます。身のほうは休ませているときに余熱でだいぶ火が通っているので、温めるように火をあてれば大丈夫。焼くと揚げるの中間を狙います。炭の香りをまとったウロコはとてもおいしい。あくまで立っていることが大事。立っていると両側にちゃんと火が入るのです。小さな甘鯛なので、尻尾も乾かして素揚げにして添えます。身が揚げ物みたいにならないこともポイント。炭の香りはついているけれど、蒸れているような感じのほうがおいしい。2人分を大きめの器に一盛りでお出しします。

添えてあるのはえびいもとふきのとう。えびいもは半分に切って蒸し器で蒸します。手で割って、表面にささくれだった状態を作ります。それに、串を打って炭火で焼く。そのざらっとした表面に、いい焦げ目がつくのです。ふきのとうは中のねぎ坊主のようなところでふきみそ*を作って、えびいもに添え、いも田楽風に仕立てます。がくの部分はそば粉の衣でさっと揚げ、塩をして添えます。

＊ふきのとうを刻んで水にさらして絞り、太白ごま油でさっと炒めて、キッチンペーパーで余分な油を取る。ここに砂糖を加えて甘いふきのとう炒めを作り、八丁みそ、白みそ、日本酒を加えて練りあげる。

鯛煮麺

にゅうめん【soup of soumen noodles】

鯛茶漬けの麺バージョン。
汁担々麺風に。

　鯛《たい》を使ったご飯メニューの一つです。「漬け」にした鯛は醤油の塩分が入ることで、表面がねちっ、ぬるっとする、その雰囲気が好きで、それをよく鯛茶漬けにします。それを、麺でも表現したいと考えたのがこれ。鯛茶漬けのように、鯛にごま醤油をからめるのではなく、逆に麺にごまをからめて、和えそば状のものを作り、そこにスープを注いで、汁担々麺みたいなものができないだろうか。そして、それを極細*のそうめんで作ったら……。

　醤油に桜の葉の塩漬けを沈めて、桜の香りを含ませた漬け醤油で鯛を漬けにします。そうめんを和えるのは、すりごまとあたりごま（ごまクリーム）、若干の砂糖、みりん、濃口醤油、細かく刻んだみょうが、粉山椒《こなざんしょう》、柚子七味を合わせたもの。ゆでたそうめんをこのたれで和え、鯛をのせてだしを注ぎます。塩抜きした桜の花を散らして仕上げた、春爛《らん》漫《まん》なにゅうめんです。

　春に、アラカルトでこんなのどうですか、とぽつっと出せたら素敵かなと。鯛茶が好きな方に、今日は麺でいかがでしょうか、とお出しする。山椒の香りと桜の香りの両方が鼻をくすぐります。小さなお茶碗でつるっと召しあがっていただく、シンプルな、しみじみおいしい一品です。

＊シャープペンシルの芯より細い。普通のそうめんなら、10gで90～100本とるところ。この超極細麺は300本もとる。

筍ほたるいか

たけのこ【bamboo shoot】

春の名残を一皿に込めて。
ほたるいかのみそも存分に味わう。

花山椒《はなさんしょう》が出始めると、そろそろ筍《たけのこ》の季節も終わりを告げます。ところが、その頃、ピークを迎える筍があるのです。京都の白子筍*。ポキッと折れて軟らかい。それをアク抜きをせず、皮もむかず、丸ごと炭火で焼きます。火の中に放り込む。皮に包まれた状態ですから、中は蒸し焼きになる。でも、ここまでは、筍に香ばしさはありません。

そこで、焼きあがったら、皮をむいて串焼きにします。日本酒に塩を溶かしたものを霧吹きでかけながら焼いていく。ほたるいかはくちばしと目と骨を取って、さっと湯にくぐらせる。こちらは、目の細かい網の上で、表面だけを炭火で焼きます。

ほたるいかが焼きあがったら鍋に入れ、塩を加えて火にかけ、煎り煮にします。混ぜると、内臓が出てきてぐじゅぐじゅになる。つまり、「簡易温製塩辛」を作るわけです。ポイントは、醤油を加えないこと。ほたるいかのうまみと醤油、それぞれのよさが相殺されてしまうからです。ここに焼き筍をからめます。とうもろこしのような香ばしい香りが立ち上り、うっすら塩味がある。

筍とほたるいかが混ざり合ったら器に盛り、花山椒をバサッと加えます。ほたるいかが筍をおいしく食べるためのソースになる。いかみそというか塩辛というか、非常に存在感のあるソースです。そこに筍の焼けた香ばしさが加わり、山椒のピリリがやってくる。

いろいろな筍料理を食べてきたけれど、このやわらかい白子筍を最後に味わっていただいて、春をおしまいにしたかったのです。筍もそろそろおしまい。ほたるいかもそろそろおしまい。短い旬が終わる。花山椒はこの一瞬だけのもの。素晴らしい出合い。心揺さぶられる味わいです。

熱々でどうぞ。

＊よく手入れされた、ふわっふわの竹の畑にできる幻の筍。粘土質の土壌で生まれた筍は、その密度の濃い土を押し分けて生長するため、なかなか穂先を地上に出せない。結果、地中に長く留まることになり、天然のものながら、まるで軟化栽培をしたようになる。筍の中でもとくに甘みが強く、独特のアクやえぐみが少ない。3月下旬から4月下旬にかけてが旬。超レアな高級食材である。

筍あおりいか

あおりいか【bigfin reef squid】

季節感の差、温度の差……
いろいろな「差」を楽しむ。

筍《たけのこ》とあおりいかは春の出合いもの。本来は木の芽みそで和える冷たい料理ですが、この「筍あおりいか」は、筍は熱々、あおりいかは冷たい。その温度差を楽しみます。

筍といっても普通の筍ではなく、目が詰まった緑の筍「緑竹*」を用います。筍がすっかり姿を消した6月ぐらいからが旬。筍なんてないはず、というときにお出しするサプライズな一品です。緑竹は水分量も十分あって食感がとてもいい。アクがなくてとても軟らか。塩ゆでしただけでバリバリ食べられます。

和え衣は木の芽みそというより、山椒《さんしょう》みそといったほうがいいでしょうか。玉みそに木の芽をすり込んで、さらに粉山椒を加えます。粒の山椒も割ってのせる。玉みそはシャープになりすぎないよう、山椒の刺激に対するバランスを計算して、卵黄を少し多めに加えます。柑橘《かんきつ》に通じるような清々《すがすが》しさ、その奥からピリッとしびれる山椒が現れる、味わい深い和え衣が完成します。

緑竹は10～15分ゆでて、炭火でばちばちっと焼き、焼きたての熱々を和えます。器も熱々で。温度差のある「筍田楽」といったところです。このできたて感を味わっていただきたい。普通の木の芽和えにない、温度感、筍の焼きたての香り、卵のまろやかさ、山椒のきかせ具合、それらすべてが、やじろべえを重ねたような絶妙のバランスで成り立っている。このバランスこそが肝なのです。

＊元々の原産地は台湾。現在は、天草や鹿児島など、九州の温暖なところで作っている。りんごのような食感で水分もしっかりある。

代白柿と塩アイス

だいしろがき【daishiro kaki】

柿をカクテルのイメージでデザートに。

あまり柿が好きではないのに、一目惚《ぼ》れならぬ一口惚れしたのがこの「代白柿」[*1]。料理人が手を下すことができないくらい、素材としての完成度が高いものです。外も中も同じ硬さにくずれることなく熟していて、自分の糖分でコンポートにされたかのような状態ができている。料理にもデザートにも使える。この柿の自然の甘みを生かしたい、いや、際立たせたいと考えました。

柿をデザートに使う場合、唯一しないことがあります。柿には酸味がないけれど、酸味を加えることはしないということです。柿のおいしさを感じつつ、柿だけで食べるよりさらにおいしくしたい。何を組み合わせるといいだろう。甘さを際立たせるには塩。塩アイスはどうか。煮詰めた[*2]濃厚なミルクに練乳で甘さをとり、塩[*3]を加えて甘じょっぱいアイスクリームを作ります。アイスを柿の中に入れ、柿と一緒に食べてもらおうという趣向です。

柿は半分にして中をくりぬく。柿には若干の繊維はあるけれど、いわばゼリー状です。そこにコニャックをふり入れ、柿が吸い込むのを待ってから塩アイスをよそいます。ミルクパンチというカクテルがあるのですが、そのイメージです。コニャックとシロップを牛乳で割ったカクテルで、まわりに塩をつけたスノースタイルのカクテル。そのリッチなフレーバーを想起させる内容に。しかも柿には季節感がある。この時季だけのものですが、どーんとお出しします。

柿のポテンシャルの高さだけでも十分なのですが、塩アイスを添えることで、ぐっとリッチに。この柿、京都の料亭で食事をしたときに教わったものです。

*1 だいしろがき。奈良は吉野特産の「江戸柿」という渋柿を、京都独特の方法で2〜3日かけて、室《むろ》で渋みを抜いたもの。なかなか手に入らない稀少価値の高い柿。
*2 「煮詰めた」と書いたが、実際に煮詰めたのではなく、蘇《そ》を溶かし、濃厚な牛乳を作っている。
*3 食べておいしいニュージーランドのフレークソルトを使用。

料理は一口。

茶懐石の世界でよく言われるのが、「日本料理は寸法だ」ということ。カトラリーがない世界なので、お箸でしか食べられない。お箸で食べるという前提で、すべての料理を作っていかなくてはならない。つまり、日本料理の最終形態は、お客様が箸で持った、その一口になるのだと認識することが大切なのです。だから、料理人は、自分の作ったものを必ず食べてみないといけない。

口の中にすっと収まっていくものなのか、味が広がっていくものなのか、また、味覚を研ぎ澄まして、自分から味を迎えにいかなくてはならないものなのか、向こうから味わいを伝えてくるものか、温度の状態は、香りの広がりは、素材感は、なじむ味わいか、暴れる味わいか、……などなどすべて理解したうえの「一口の料理」です。

お椀であっても、一口また一口と飲んで、飲み終えたときにどう伝わるのか。料理人の一日は、すべて、その「一口」のためにあるのだということを、我々は身をもって理解していなければなりません。料理人は、このこと自体があまりにもあたりまえすぎて、なかなか気づかないのです。

お箸でこう切ったら、こうなって、それがこう口に入るという完成図があって、それを形にする設計図がある。完成図から逆算してプロセスを描くのがシェフの仕事。教わった人は1、2、3、4、……と順番にできますが、考える人は理想の形から、9、8、7、6、……と逆算して考えているのです。ここが「オリジナルを生むこと」と、教わったことを「ただやっていくこと」の違い。走る方向が違うのです。ここを、きっちりと明確にしておきたいと思うのです。

いろいろなものを盛り合わせたとき、お客様は何をどの順番でどう召しあがるかわからない。その合わさったときの味に対する一口まで責任をもてるのか、と問われると、実は微妙なところもある。我々料理人は、その微妙なところと常に対峙《たいじ》していなくてはならない。しかも、新しい挑戦をしながら対峙していくわけです。成功を勝ち取るのは、ものすごくむずかしいことかもしれませんが、こんなにクリエイティブでライブ感があり、精神性に優れ、感性を思う存分発揮して、その結果、お客様が幸せに到達するまでの勝負が一瞬で決まるような職業は、他にはなかなかないのではないでしょうか。

料理を食べることで、口の中で起こる世界。我々は、この甘鯛《あまだい》がおいしいとか、松茸《まつたけ》がおいしいとか言っていますが、カサを食べるか軸を食べるかによって味は違ってきます。その一口のためにすべてはある。すると、これとこれは隣同士にしたほうがいいとか、別の器に入れずにじかにぬったほうがいい、あるいは重ねたほうがいい、ということが見えてくるようになる。何となく重ねたとか、見栄えとかではなく、「おいしさ有りき」に頭を使うようになる。それが料理の構成につながっていくのです。

足りない法則。ご褒美の法則。

子供の頃は欲張りで何でもほしい。けれども、おいそれとは買ってもらえず、我慢しなければならないときがありましたよね。

それで、やっとほしいものを買ってもらえたときには、我慢した分だけ、より大きな喜びになったりする。といって、何でもかんでも、すべてに満足な状態が感動レベルで高いところにあるのかというと、そうでもなかったりしますよね。だから「ありがたみ」という言葉もあるし、「尊さ」や「はかなさ」というような感覚も、日本人の中に生まれたのだと思います。

料理でたとえるなら、全体のバランスをとるには、すべてのバランスをとってはいけない……という理屈に合わないことが発生します。なぜか？ それは、主となるもの、まわりに添えてあるもの、その一つ一つを、すべて完成されたもので構成すると、食べたときに、さほど完成度の高いものにならない。ということが起こるからです。

たとえば、ペトリュスでもラトゥールでも'61年と'82年と'90年といったグラン・ヴィンテージばかりを集めて、それを10ccずつ全部混ぜて飲んでみる。するとどうでしょう。バランスがくずれ、強い個性同士がぶつかり合い、純粋なテロワールを反映した元のものより、混ざり合わせたもののほうがおいしいとは感じないのではないでしょうか。完成されたものばかりが揃っていても、そこにストーリーは生まれないからです。日本人の感覚を表わす「過ぎたるは及ばざるが如《ごと》し」という言葉が存在するのも納得です。

私は、よく「ご褒美《ほうび》の法則」と言うのですが、足りないものばかりが集まったとする。ここにあれがあったらなあ、というものがポンと入ると、途端に全体がすんなりまとまったりする。それがバランスということなのです。一個一個がおいしいということがバランスではない。足りない法則を「わざと」作る。それが料理屋の料理なのです。

最初から全部同じ味に作ると、一口目はおいしいかもしれないけれど、すぐに満たされてしまう。飽《あ》きもする。恋の駆け引きと同じで、焦《じ》らすということも大事なのです。ご褒美の法則を操れるようになると、料理に色気を表現できるようになる。どう食べるかで印象が異なるのもおもしろい。

芝居の仕掛けやカラクリは、お客様から見えているものは実際ほんの一部で、舞台裏には大きな仕掛けがある。それと同じで、皿の上は最終形ですが、舞台裏はある。器は料理の着物と言う方もいますが、私は舞台だと思います。そして、その舞台裏にはいろいろなものが隠されている。そのメッセージが舞台上ですべて表現できなくてはなりません。

自らが作りあげた料理より、それを作った料理人のほうが前に出て、そこを舞台にしてしまうのではなく、言葉で多くを語らず、料理の中だけでカラクリを仕掛け、ストーリーを伝える。料理を作った自分が、褒《ほ》められたり感謝されたりすることよりも、まず自分の作った料理が、何よりお客様の心の中で喜びとして育ってほしい……。

料理というのは、ほんとうに奥が深いものですよね。

水羊羹アマレット

みずようかん【soft sweet bean jelly】

繊細な小豆の風味と口どけ。『龍吟』ならではの仕掛けも潜む。

水ようかんの完成度とは何ぞや。小豆の風味、炊きたて煮豆の香り、それを閉じ込めないことには水ようかんとはいえません。まず、小豆は3回ぐらいゆでこぼす。そのときの小豆の状態を見て、2回でもいいときは2回に。あまりやりすぎてお湯に色が出すぎると、ぼけたような色になってしまいます。

小豆を炊くときに砂糖は入れません。炊きたて小豆の水分がまだ残っている状態でテルモミックスに。回しながら、水で戻した寒天をちぎりながら加え、80℃ぐらいに温度を上げます。途中、水、グラニュー糖を加えますが、テルモミックスだと裏ごしの必要はありません。

水ようかんの準備はこれで終了。2枚ボウルにして、ある程度冷やしてから型に流し入れます。そろそろとろみがくるかなというところまで冷やすこと。極限まで軟らかくしたいため、流し缶では、縦にも横にも切らなくてはならず、くずれてしまう。そこで、ちょうど水ようかんの幅のアクリルケースに流し入れ、まわりを氷で冷やします。固まったら、いかにも硬い水ようかんを切るかのように、エッジを立てて切りつけます。実際は、よく盛れたなという硬さです。

キンと冷えた温度で、小豆のやさしい風味と、ピューレを食べているような食感を味わっていただく。盛りつけも繊細です。端っこを丸くぽちっとすくい取って、よく冷えた*アマレットを注ぎます。左端から水ようかんの完成度を味わっていただき、この穴に差しかかったときに味が一変する。これぞ『龍吟』ならではのサプライズ。アマレットがごほうびになる。食べ慣れた水ようかんにも、いろいろな可能性がある、と、どなたもが実感されるはず。たった数センチ四方の中に「動き」が生まれる。それがおもしろいと思うのです。

＊何を入れるか、いろいろ試した。いちごのリキュールでいちご大福風に、ピーナツオイルで中華のごま団子風になった。いちごは抜群においしい。柑橘《かんきつ》系は不合格。一番相性がよかったのがアマレットだ。

あいなめ白子筍

あいなめ白子筍

あいなめ【greenling】

最高の状態を生み出すために、あらゆる努力を惜しまない。

あいなめに関しては、並々ならぬこだわりあり。話が長くなるのはご容赦を。

あいなめほど、活けじめによるダメージを受けやすい魚はありません。だから、朝じめで送られてきたとしても、夜、お客様に提供する時間に「ちょうどいい状態」にならないのです。そこで、上手にしめて神経処理をして死後硬直を遅らせます。身がいかっていないと、理想の状態にもっていけないからです。私見ですが、あいなめはねかせてうまみを出す魚ではない。ぷりぷりに身がいかっている状態がベストなのです。お椀（156頁）にするときも、いかっているのといないのとでは雲泥の差。死後硬直しているあいなめに商品価値はないと思っています。

まず、氷水に生きたあいなめをドボンと落とします。海水程度の塩水に氷を入れた氷水です。実際に海であいなめが泳いでいる温度は11℃か12℃。氷水の温度は1℃か0℃。普段泳いでいる温度より夏場だと9℃、冬場だと13℃ぐらい下げて、低温ショックを与えます。あいなめは最初は「なんだ？　寒いぞ」と思っているのですが、そのうち、だんだんと呼吸がゆっくりになって冬眠状態に。息をするのも面倒くさいなあと眠そうな状態です。そのまま放っておくと死んでしまう。朦《もう》朧《ろう》としているような状態になったときに取り出し、おなかを上に向けてエラの膜のところを切りながら、脊髄《せきずい》をバチッと落とす。そうすることで、大量出血させる。尻尾も切り、すぐさま*エアーコンプレッサーで神経を抜きます。一瞬のうちに神経組織を完全に外に出すのです。あいなめが死ぬ瞬間は一瞬。すでに死んでいるのだけれど、まだ脳から筋肉に指令はいっていない。つまり死後硬直以前の、完全に身がいかっている状態です。

ウロコを取って内臓を出し、水洗いしますが、これ以降は、包丁にも魚にも水は一切つけません。お造りにするとき、よく、ぬれ布巾で包丁をふきながら作っているのを見かけますが、そのぬれ布巾すら使わない。あいなめはほんの少し水が触れただけで、そこから水を吸い、身が「やっぱり死んでいたんだ」と気づいてしまう。そのくらい繊細なのです。水には絶対に触れさせない。あいなめに限らず、ほとんどの魚はそうしています。

カマの部分は身のほうにつけ、頭だけ取って、その状態で三枚におろします。それから、腹骨をすいて皮を引く。残った血合い骨を抜く。そのほうが抜きやすいのです。これで、死んだという指令がまだ伝わっていない身が取れる。これが何より大事なことです。お造りは、料理人が作るものではなく、魚の中にすでにあるもの。それを取り出すだけのこと。その取り出す技術がお造りなのです。上手に切り出せることではありません。

また、おろすときは、骨から身をはずすという感覚ではなく、身から骨をはずすつもりで。あくまで身のほうが大事なのです。そのためには、骨がどんな形をしているのか、骨のどこがどうふくらんでいるのかを知ることも大事です。おろしてフィレになればいいというのではなく、身に一番負担がかからない方法をとりたい。骨の構造がわかれば、自分の目がX線になっているから身を透かして骨が見えているはず。それに沿って包丁を動かせばいい。

出刃包丁が通ったところが口に入るわけですから、繊維がささくれていたらどうなるでしょう。いかにそこをなめらかに、少ない回数で包丁を走らせ、ちゃんと柳刃包丁でお造りを切るのと同じ感覚でできるか。切った断面の仕上がりだけではなく、すでにおろすところから勝負は始まっているのです。切れる包丁ですーっと引けば、余分な体液が出ない。ゆえにおいしいお造りになるのです。

魚の筋肉がお造りにされていることに気づかない。そんなお造りを作りましょうよ。となると、包丁の管理や研ぎ方から、骨の構造まで頭に叩き込んで、魚に対していかにストレスなくおろせるか考える。そんなところから、お造りは始まっているのだということを知ってほしいのです。あいなめは、それをわかっているか否かで、仕上がりが大きく変わる。ヘタな人がおろすと、あっという間に死後硬直を起こす。それほど繊細だということを覚えておいてください。

あいなめの身は年輪のように分かれています。その繊維に沿って切り出す。水が一切触れていない、魔法のように取り出した筋肉がそこにある。決して水っぽくない。お餅のようなテクスチャーです。その、ぶるんという食感に合わせたのが、軟らかい白子筍なのです。

あいなめ＝テクスチャーを味わう魚、ととらえています。鯛《たい》だと、鯛だけでもう十分なのですが、あいなめは私に、「これだけ仕事をする幅を残しておきましたよ」と言ってくれている気がする。どこか遊ばせてくれる幅が見えるのです。何か食感のあるものを合わせることによって、あいなめの、もっちり、ねっちりした状態がより生きる。筍《たけのこ》はゆでただけ。乱切りにして、キンと冷やした器に、筍、あいなめと積み上げていきます。上から花山椒《はなさんしょう》をぱらり。わさびはお好みで。お造り醤油にぽちっとつけてどうぞ。

あいなめは数ある白身の中でもトップクラスにうまい。あいなめをお椀で表現することもありますが（156頁）、それもさんざんお出ししたという頃に、1キロを超えるでっかいのがきたら作ります。

＊空気圧縮機。これを使うことで、神経を瞬時に外に押し出すことが可能に。

か2

わたりがに【Japanese blue crab】もくずがに【Japanese mitten crab】

蟹のおいしさの理想を求め、2種類の蟹の長所を合体させた夢の「か2」。

「か2」とは何か。

秋になると渡り蟹《がに》がうまさを増しますが、時同じくしておいしくなるのが上海蟹。日本でいうモクズ蟹です。[*1] モクズ蟹はミソはおいしいのですが、身があまりとれない。逆に、渡り蟹は身はおいしいのですが、ミソがいま一つ。この両者が「結婚」すれば、足りないところを補い合えるのではないだろうか。つまり、渡り蟹の身とモクズ蟹のミソを合体させる。おもしろいのは、海の蟹と川の蟹である点。そして、2種類の蟹にもかかわらず、一つの蟹のよう。元々、そんな蟹があったかのように思えるところです。しかも、食べても一つの蟹にしか思えない。「何、この蟹!? おいしいっ」となる。

渡り蟹は蒸しっぱなし。筋肉が大きいので、身がほろっと取り出せます。モクズ蟹は蒸してミソを取り出し、黒酢のジュレ[*2]を合わせる。さらに、ゆでた菊[*3]の花を加えて、渡り蟹の身にかけます。菊の香りを添え、叩きオクラをあしらいます。2種の蟹を仲よくとりもってくれるのがこのオクラ。全体をまあるくまとめてくれています。このマリアージュ、神様のいたずらか、「新種の蟹『か2』発見!」となったら愉快ではありませんか。ただ、料理人としてはそれぞれのよさをきちんと伝えたいと思っています。

*1 島根県の高津川産を使用。
*2 昆布と鰹節《かつおぶし》をしっかり煮出した濃いめのだしに、ざらめとグラニュー糖、黒酢、バルサミコ酢、しょうがを加え、ジュレにしたもの。甲殻類に合う。
*3 食用菊。「もってのほか」という薄紫色の花びらの菊と黄菊を使う。山形県産がほとんど。

香煎黒酢炭焼き

龍豆牡蠣

まめがき【virgin oyster】

シェリー酒をまとったナッティなかきとくるみの見事なマリアージュ。

ヴァージンオイスターは小指の先ほどの豆がき。かきの赤ちゃんです。豆がきを酒煎りするのですが、「豆」がつくその名から、ナッティにしたらおもしろいかなと考えました。酒煎りといえば日本酒でするのが順当ですが、ナッティになるかなと紹興酒を試してみました。いま一つ、おもしろみにかける。そこで、ソムリエ山本、考えました。そうだ、ナッティな香りのシェリー酒があるじゃないか。アモンティリャード[*1]だ。酒煎りにしたら、酸味をまとって何ともいい風味が出たのです。

アモンティリャードにしばらくつけてから煎りつける。軽く火を通す感覚です。そして、それをスモークします。鍋にぶどうの枝を入れて火にかけ、煙が出てきたら、目の細かい網に豆がきをのせて軽く燻《いぶ》す。そのスモーク感と香りのハーモニーが絶妙に仕上がりました。

そして龍豆《りゅうず》。これは私が豆がきにかけて、勝手に名づけたものですが、要はキャラメリゼしたくるみです。生のくるみを素揚げしてから、砂糖で煎りつけて砂糖がらめにしてから、シナモン、八角、ぶどう山椒《さんしょう》[*2]で風味をつけます。中国料理によくある「くるみのあめがけ」のスパイスをきかせたバージョンです。クニャッと軟らかい豆がきと、カリッと香ばしいくるみ。食感もおもしろい。魚料理などのつけ合わせとして、魚が出たあとに時間差でお出しするものです。ソムリエ山本的に言うならば、ぬる燗《かん》にした甘口のオロロソ[*3]が合う。いいつまみになりますよ。

*1 アルコール度数15〜15.5度の辛口シェリー酒。

*2 マイ・ベスト山椒。和歌山県産。実がぶどうの房のようになることから名づけられたとか。粒が大きい。鮮やかな緑で、かなり強くしびれるので要注意。

*3 アルコール度数17.5度以上の中甘口シェリー酒。

巻き和三盆

わさんぼん【wasambon sugar】

「足りない足りない、おっ来た!」
そんなごほうびを演出する仕掛け。

アイスクリームの究極を求めていくと、ソフトクリームになるのではないかと思います。軽やかでなめらか。甘くて濃厚なのにペロリと食べられる。口の中でふわっとなくなる、あの食感が何ともたまらない。その思いが募って、迷った挙げ句、ついにソフトクリームマシンを買ってしまったのです。それは、家に自動販売機があったらどんなにいいだろうとか、蛇口をひねったらコーラが出てくる、といった子供の頃の夢と変わりません。今のマシンはよくできていて、含ませる空気の調節もできるのです。

名物カラメルアイス（22頁）は、味と状態にこだわり、長い間、かわいがってきたデザートですが、この『巻き和三盆』はその進化バージョン。軽くてふわっとなくなる分、和三盆の風味がより際立つ。和三盆だから、このおいしさになる、そう納得できるものになりました。

さて、このデザートには一つだけ仕掛けがあります。和三盆の甘みを少しだけ控えておいて、その分、ソフトクリームを作ったあとに、和三盆のあられを散らすのです。だから、そのまま食べると何だかもの足りない。足りない、足りない、もう少し甘みがほしいなと思ったときに、ガリガリッと口の中で和三盆のあられがはじける。そこで、「おっ、甘いのが来た!」となる。それを繰り返し、楽しくなってきたところで、底に流しておいた和三盆の黒蜜《くろみつ》にあたって、大団円となる。起承転結をつけているというわけです。

最初から満足するものを作るのではなく、足りない、足りないとじらせる。そこに、待っていた味が来ると、ごほうびをもらったような喜びがわきあがる。より満足できる。それが新しい味の表現カテゴリーになるのではないか、と考えました。そんな「からくり」を考えるのも楽しいものです。

おざなりになっていること。

日本料理で大事にされることは、季節感や素材感ですが、実はおざなりになっていることが三つあります。

●香りの重要性
●温度の管理
●火入れに対する追求

　そして、この三つに日本料理の完成度をさらに高める鍵が隠されているのではないかと思うのです。

　たとえば、器を温める。そこまでは、ただの作業ですが、それがお客様のところに届いたときに、ほんとうに温かさをキープしているか。自分の思い通りの温度になっているのか。それを徹底的に追求しなくてはならない。お椀の蓋《ふた》を開けたときに、絶対に自分の伝

えたい香りが届いているのか、その香りの要素の認識が自分にあるのか。これも大事です。香りを嗅いだだけで、人は幸せを感じたり、癒されたり、時には恐怖を覚えたり……。香りが脳に影響を与え、精神を左右する。視覚と香りは同時にきますから、脳に一撃で伝えるものを、我々はお客様にお出ししているわけです。そういう認識をあまりもっていないのではないでしょうか。

　バリバリという硬いものを噛《か》む音を聞きながら軟らかいものを食べると脳が混乱します。温度や香りは脳に直接作用するので、それをきっちり管理していけるかどうかが大事なのです。香りが脳のセンサーと密接に結びついているなら、そこを操れれば、幸せを操ることだって、我々料理人はできるのです。

　これからの時代、それは基本技術習得の一環だと思います。たとえば、柚子だったり山椒だったり、感じてほしい香りがあるとする。それが皿の中での主となるものにどのような影響を与えるのか。同時に、あったほうがいいのか、なくてもいいのか、と考える必要がある。また、温度によって香りの立ち方も違います。

　日本料理の素晴らしい世界観と、表現でき得る「可能性」と「完成度」を、世界に伝えていくためには、そういう勉強が必要になってくると思います。

　季節感を表現するときに、紅葉を散らす、柿の葉を散らす、などありますが、それは視覚に訴えるもの。嗅覚でも同じようなことが

できる。季節を感じる香りもありますね。それを温度とともに操れれば、日本料理の幅がぐっと広がるのではないでしょうか。今を生きる我々は当然、そこを日本料理の完成度ととらえ、重要視して、操れる技術を持ち合わせていなくてはならない。

それから、火入れ。火が通っていればいい、焼けていればいい、ということになりがちではないでしょうか。「炭火で焼く」は、とてもアナログ。どう焼きたいのか、が大事になってきます。ただ炭で焼けばいい、というわけではなく、炭を理解し、炭を使いこなしてこそ、炭火を使う意味がある。

フランス料理には「キュイッソン」という理論と理屈がありますが、日本料理にはあまりないように思います。「火を通しすぎるなよ、焼きすぎると硬くなるぞ」といった程度。そんなことを教えるのではなく、硬くならないためにどんなことを考えるかが大事なのです。たとえば、卵。同じ卵でも、生、半熟、温泉、固ゆで、すべて表情が違います。それは魚も肉も同じなのです。すべての素材に対して、そういうアプローチをしてみたら、新しいプロセスが描けて当然です。

たとえば、鰆《さわら》のみそ漬け。みそに漬けているため、かなり焦げやすい。しかも、ただでさえ脱水しているものを焼く。鰆の切り身は、ほんとうは強火で表面はカリッと、中はしっとり一気に焼きたいけれど、そうすると表面だけが焦げてしまう。ということは中が半生になる。焦げるとそれ以上は強火で焼けません。だから、みんな遠火でじわじわ焼くのです。そうすると、外の熱が中まで伝わったときには表面は焼きすぎになる。あっちが立てば、こっちが立たない。

では、どうするのか。半生では困るから、弱火で焼くしかない。ほとんどの方がそう教わるのではないでしょうか。私に言わせるとそんなプロセスでは、パサついた焼魚ができあがって、ハイ、おしまい。グラデーションなく均一に火は通っていて、しかも、表面にはこんがりと香ばしい部分があり、中の水分量はこの位で……。そういうふうにしたいというイメージができたら、次は、どうすればそうなるのか、私はプロセスを考えていきます。

「イメージを形にする」。これはとてもクリエイティブな作業です。昔の人がこれを食べたときに、「オレもこうしたかったよ」と、地団駄踏んで悔しがる世界を我々が作れなければ、先人たちの知恵に、ただすがりついているにすぎない。基本はどんどんぬり替えていくのです。

昔は、この病気には開腹手術という外科的手段が一番だった。現在は同じ手術でも、内視鏡で数分でできる時代になっている。治したい病気は同じでも、方法は進化している。

「おいしさを伝える」のも同じこと。同じ目的をとらえるためのプロセスなら、どんどん進化してもいい。料理は、時代とともに、おいしさや感動を伴った、進化をしていくものでなくてはならないと考えます。

岩牡蠣フライ

いわがき【iwa-gaki oyster】

衣と中身、どちらも
ベストの状態に揚げるには……。

ただのかきフライに見えるでしょう。でも、器をご覧になったらびっくりされますよ。大きいのです。つまり、かきがものすごく大きい。「とんカツ」くらいの大きさです。かきフライは小さいのもおいしいのですが、大きいと、パツンと切ったときに中から肉汁がジュワッと出てくる。それがたまらないのです。

生で殻をむき、一瞬熱々の塩水にくぐらせます。こうすることで、びらびらの部分がキュッとしまる。タオルで水分を取り、粉を打って卵にくぐらせ、パン粉をつけます。パン粉はバゲットの皮だけを乾かして粉砕したもの。揚げないうちから香ばしさ抜群です。

最初は180℃で揚げてまわりを固め、うっすら色がついたらキッチンペーパーを厚手にかませて温かいところで休ませます。余熱で火を通し、冷めたらまた揚げる。揚げて休ませ、揚げて休ませ、と2回繰り返します。揚げ時間は20秒ほど。最後だけ、少し温度を上げて190℃ぐらいで30秒ほど揚げます。これで、ひだひだの部分がカリッと揚がる。

一度揚げだと、外はいいけれど中はまだ生。中がいい状態だと外は揚げすぎになってしまう。これもまたキュイッソン＊です。表面は熱々ですが、中心温度は55℃ぐらい。必ず芯温を測ってお出しします。

つけ合わせはキャベツのせん切りというわけにいかないので、キャベツを刻んで塩もみにし、三つ葉、しょうがを加えた浅漬け。すだちをきかせました。

この料理だけは、お好みに切って召しあがってくださいとカトラリーを添える。今にもはちきれんばかりの岩がきをパツンと切ってどうぞ。さらに後出しするつけ合わせは鳴門わかめのようなさっぱりしたものにします。

＊火入れのこと。加熱調理全般をさします。

子持ちやりいか

やりいか【spear squid】

素直に素材に向かい合い、どこまでも理想の火入れを求めていく。

春になると、青森からいい子持ちやりいかが入ってきます。ねちっ、もちっ、むちっ、という食感。いいだこには悪いのですが、同じ子持ちの軟体動物でも、いかとたこでは天地の差。断然、やりいかのほうが好みです。いかといえば、甘辛く煮た「煮いか」。どなたにも喜ばれるものですが、ガストロノミー的アプローチをしてみたら……。

やりいかには、外側の身、卵、ワタと、三つの要素があります。それぞれにベストの状態で火を入れることができたら、この素材には大きな可能性がある。ではどうするのか。それぞれが何度ぐらいでベストの火入れ状態になるのか考えなくてはいけません。一番外側にあるのが筋肉なので、そこから火が入っていくということは明らか。なので、外側を仕上げて、中に対する仕事を考えます。

まず、やりいかをさっと湯通しする。すぐに氷水に落として、芯まで冷たい状態に。水、酒、濃口醤油、ざらめを合わせて煮溶かし、いかを炊くための甘辛いだしを作る。わーっと沸く直前、煮汁が80℃ぐらいになったところで、いか（くちばしと骨と目玉を取る）を入れて、外側の身だけに火を入れるつもりで火を入れる。3分ぐらい火を通したら、地ごと、2枚ボウルですぐに冷まします。ここまでが仕込み。

煮汁といかを分け、煮汁をウォーターバス・スターラー*1に入れ、68℃にします。ここに、いかを入れるのですが、このとき、卵はまだ液状。15分ぐらいゆっくりつけます。全体が68℃に向かいますが、たんぱく質が凝硬するかしないかの温度帯なので、いかの卵の温泉卵を作っているような状態です。だから、切断面は透明。でも固まっている。そのように火を通すと上海蟹《がに》の雄の白子のように、ねちっとしてくる。上唇と下唇がくっつくような、もちもちした食感になる。ワタも同じように火が入る。

2段階の火入れですが、食感は3段階。煮汁は少しとっておいて煮詰め、若干のみりんを足して、いかだしのツメを作ります。仕上げは、いかにこのツメをかけ、ミクロプレーンで削ったオレンジの皮と、マッチ棒より太いくらいに切ったしょうが*2を添え、花山椒《はなざんしょう》を散らします。

オレンジの爽やかな香り、しょうがのスパイシーな刺激、山椒のひりひり。これらの風味は、甘辛い煮汁のおかず的要素、また、いかの卵の濃厚な食感に対するバランスをとるために添えるものです。あるとないとでは、伝わり方がまったく違うものとなる。なくてはならない助演者たちです。

*1 オイルバス・スターラー（21頁）の水版。湯やだしをはり、一定温度で加熱が可能。
*2 うっすら甘い糖蜜《とうみつ》で炊いたもの。糖蜜を沸かしてしょうがを入れ、火を止めて、そのまま冷ましたもの。まだポキポキした状態。

吟鳥わら焼き

はと【pigeon】

肉汁が出るギリギリ手前で火入れを止め、ぷるんとした食感を生かす。

鴨《かも》で得た教訓（68頁〜）をあてはめることで、素材として新たな挑戦ができないかとトライしたのが*鳩《はと》でした。根底には、日本料理でもメインをはっきりしたいという考えがあってのことです。ただ、「日本料理で鳩なんて」と賛否分かれるところでもあります。

鳩は小さいほうがおいしい。生後28日、まだ、親から口移しで餌《えさ》をもらっている状態の鳩をさばき、骨つきのままの胸肉を干して、皮の水分を飛ばします。鴨と違って表面にろう質がないので、何もしなくても一晩でパリパリに乾きます。そのあと、これを58℃のオイルバス・スターラーに入れます。

鳩は身質がなめらかで、繊維感がないのが特徴。肉質が均一で、ぷるんとしている。そのなめらかさを味わいます。噛《か》んだときにジュワッと肉汁が出るのは加熱しすぎ。火入れのポイントは肉汁を中に閉じこめることです。筋繊維の目が詰まっているため、一度筋肉から肉汁が切り離されると、もう元には戻れないからです。よって、肉汁が出るか出ないかの寸止めにします。芯温が55℃になった

ら炭火で焼いて、わらのスモークをかければ、血からきっちりとうまみが引き出されます。

仕上げは鳩のわら焼きを中心にすえ、軽く漬けにしてから、骨でとったスープでしゃぶしゃぶ仕立てにした、ささみを添えます。ささみの上には白髪ねぎを。もも肉はつくねにする。行者にんにくは刻んで揚げて、チップスにして添えます。わさびはお好みで。

『龍吟』に届く鳩は、それぞれ個体差があって、ベストの〝ぷるんテクスチャー〟もいれば、そろそろ飛び立てるけれど、もう少し親に甘えておこうか、という甘えん坊もいる。今では外からさわって、どの程度かわかる。そのくらい、たくさん見てきました。いろいろなプレゼンテーションを考えましたが、「鳩に豆鉄砲」をもじった、写真の料理に枝豆を散らした趣向が一番人気でした。

この食感、一度食べたら決して忘れられないはずです。

＊国産のエトフェ（窒息）鳩を使用。親鳩はくちばしが曲がっていて、精悍《せいかん》な顔立ちでかっこいい。ただ、メニューに鳩と書いておくと、たいていの方が「替えてほしい」とおっしゃる。そこが残念なところ。

仔鹿わら焼き

しか【venison】

お客様の口の中に入ったあとのおいしさまで責任をもつ。

鹿もやはり仔鹿がいい。それも、モモのシ[1]ンタマ部分を使います。ミルキーで、ちゅるんと食べられる。おいしいと感じる肉の食感をすべて兼ね備えていると言っても過言ではありません。弾力が適度にあるけれど、ぷっつり切れて、肉汁が豊富で軟らかい。ただ、常時手に入らないのが残念なところです。

フライパンで表面を焼きつけて、オイルバス・スターラーへ。芯温を58℃にします。鹿肉はとても繊細。どこまでも淡い味わいです。最後に温度を上げるために、もう一度フライパンでさっと焼く。串を打って、20~30秒わらをかける。わらは血に対してかけるもの。血の量によって、時間のコントロールが必要です。仔鹿は押すと、肉汁は出ても血は出ないので、わらは風味程度に留めます。

そして切り方。日本料理は箸で食べるもの。自ずと切り方が重要になってきます。たとえば、繊維に対してどう切れば、人間の歯で噛《か》み切れるかを考える。一口サイズに切ることが大事なのではなく、どう切れば、思い通りの味や食感を伝えることができるかを考えるのです。狙いなく漫然と切ってはいけません。料理人は「切ること」にも責任をもつ。切り方一つで、食感や味の伝え方まで操れるのですから。それがまた、日本料理の完成度を問われるところでもあります。

仔鹿は棒状に切る。親鹿だともたつきます

が、仔鹿なら噛んだところで切れる。仔鹿に対しても、お造りに向かい合うのと同じ感覚で切ること。棒造りだからこそ、口の中で広がるおいしさがある。こう切ることが、繊維の少ない仔鹿のおいしさを一番伝えられると思っています。

そして、ソースをからめるのでなく、しょうが醤油を葛でとじたあんを流して、温かいお造りという感覚で仕上げる。代白柿《だいしろがき》をころころに切って、*2フランボワーズビネガーをくぐらせて添えます。

*1 ウチモモとソトモモの間に位置し、丸い形をしている部位。

*2 柿に足りないものは酸だが、だからといって酸を足すと柿が柿でなくなる。柿として楽しんでいただくにはどうしたらいいのか。いろいろ試した結果、もっとも柿に寄り添ってくれたのがフランボワーズビネガーだった。

獅子小鍋

いのしし【wild boar】

常に「ここ」という、針の上に
立つような一点に完成形をもってくる。

日本には昔から狩猟文化、つまりジビエの文化があることは前にも述べました。『龍吟』が使うジビエは、鴨《かも》、鹿、猪《いのしし》です。

豚と猪はよく似ていますが、大きな違いは「脂」。豚はナッティな溶け方をする。溶けていく甘みがコクとなり、うまみとなる。猪はその逆。いわば食べる脂で、食感がちゃんと残ります。しつこさも脂っこさもない。口の中で液化しないのが特徴です。

子を産んでいないメスの猪の、背ロースのいいところだけを用意します。原形は豚汁。みそは香川の白みそを使用。子供の頃から、実家で慣れ親しんだ味です。味に対して、いろいろな訓練をするのですが、みそだけは、どうしても原点に立ち返る。懐かしく、しみじみおいしい。その白みそに桜みそを少量加えて、だしの中で溶く。しょうがとにんにくも加えて「スパイシーなみそ汁」を作り、二つに分けておきます。

猪は「脂」だけを見て仕事をします。先に分けた、みそ汁の一つに猪を入れ、脂がへろへろ、ぷるんとなって角が立ってきたら、その瞬間を狙って引き上げます。肉のほうは一切見ていない。見ているのは脂だけです。このとき、鍋中に広がった脂は溶ける脂なので、それは使いません。

温めた小鍋に、まず、猪だけを盛り込みます。もう一つのみそ汁で野菜を煮ます。田ぜり、白髪ねぎにした白ねぎ、かつらむきにしてからせん切りにしたごぼう。これらを食感が残る程度にさっと煮て、猪の上に盛り、野菜を煮たみそ汁をはります。残っているのは食べる脂のみ。これがポイントです。

ふきのとうのガクを揚げたチップ、柚子を加えて火にかけ、ぐらっときたら蓋《ふた》をして客席へ。こうすると、食べてもらいたいところだけを食べてもらうことができる。ピュアな部分をいかに取り出すか。また、野菜をくたくたにするのか、しゃきっとさせるのか。どの表情で食べさせたいか、そこに落としどころがある。

私の中のストライクゾーンはあくまで「点」。ここで食べてよ、ここしかない、という点を狙うことが日本料理の完成度だと思っています。

牛ヒレと松茸フライ

ぎゅうにく【beef】 まつたけ【matsutake mushroom】

水分を逃さず揚げた松茸と、
肉汁たっぷりの牛ヒレのすき焼き。

変わりすき焼きです。牛ヒレは大きな塊のまま、冷たい状態でフライパンでちゃちゃっと表面を焼きます。表面がたたき状態になったら、58℃のオイルバス・スターラーへ。芯温が55℃になったら、オイルから取り出してふきあげる。串を打って軽く塩をふり、炭火で表面をカリッと焼く。これに、甘さを極限まで控えた辛めの割下を霧吹きでさっと吹きかけて、表面だけを照り焼き状にする。

松茸《まつたけ》はカサが開いた香りの強いものを用います。大ぶりに割ってから、軽く粉をはたいて卵をくぐらせ、バゲットのまわりの硬いところだけで作ったパン粉をつけます。これを高温で一気に揚げる。揚げすぎると、松茸の水分が出てくるので、手前で引き上げ、余熱で火を入れます。松茸のフライといいつつ、フライたたきのような状態。パン粉にすでにしっかり色がついているので、色づくまで待たなくていいのです。

高温で揚げたらそのまま盛りつけます。芯が生じゃないのか、くらいで大丈夫。歯ごたえを残すことが大事です。ともあれ、松茸は開いたものに限ります。もし開いていないものなら、水分の出ようがないので、もう少し時間をかけて揚げます。フライという料理法ではなく、中の水分に対してどう仕事するのかを考えることです。

添えはわけぎ。根っこをつけたまままきれいに洗い、白いところから黄緑色に変わったあたりまでを切り、素揚げします。低い温度からしっかり揚げる。水分を抜くと、甘みが出てくる。根っこチップスという状態にします。

盛りつけは、肉にからめた割下を下に敷き、その上に牛ヒレと松茸フライ、根っこチップスを盛り合わせます。デミタスカップに温泉卵を入れて添えます。

牛肉、松茸と一切れずつ味わったら、温泉卵とからめてどうぞ。牛肉、松茸、ねぎ、割下。これはすき焼き以外の何物でもありません。ヒレは厚切り。頬ばって召しあがってください。肉汁が口の中にじわっとあふれます。どちらかというとステーキ。割下はステーキソースという感じです。

アラカルトでお出ししているものですが、肉を焼く、あるいは揚げる×松茸を焼く、揚げる。焼き揚げ、揚げ揚げなど。お好みを伺って調理します。ポン酢醤油を添える塩焼きバージョンもいいものです。

煮鮑姿焼き

煮鮑姿焼き

あわび【Japanese abalone】

鮑と油の相性のよさに目覚めた一品。

鮑《あわび》は油との相性が悪いと思っていました。というのも、鮑を薄切りにしてパスタに入れたり、鉄板で焼いたりしても、鮑のよさが生かされず、いつも失望していたのです。あるとき、おいしいバター醤油焼きをいただいて、上手な人が作ってくれればおいしいのだとわかりました。絶対合わないと思っていたけれど、まんざらでもない、と。

鮑は煮鮑[*1]にし、串を打って、しょうが[*2]がオイルを霧吹きで吹きつけて焼きます。炭で何かを焼くときに、脂が落ちないものは炭の香りをまといにくい。鮑には脂がありませんが、このオイルをまとわせることでぐっといい風味になります。しかも、オイルはほとんど感じない。炭焼きの香りのする鮑のステーキはめっぽうおいしいものです。身のほうにスプレーしすぎると油っぽくなるので、炭にも直接スプレーを。鮑の炭火焼きステーキは鉄板焼きと違い、表面がドライになる。煮鮑の表面がちょっと硬くなる。でも、それが干し貝のうまさになる。うまみが増強されるのです。ただし、**必ず1個丸ごとで焼くこと。**

この煮鮑、苦みがまったくありません。あまりにクリアでピュア。ボリューム感はあるけれど、清すぎるくらい。何を合わせたらいいのか。たまたま牛ヒレ姿焼きの新バージョンを模索中で、試作を繰り返していたとき、「揚げふきのとう醤油[*3]」を合わせたら非常にうまかった。これを鮑に添えたらどうだろうと思い、即実験です。これもまた非常に合いました。「鮑に油は合わない」が口ぐせで、その相性に疑問を呈していたにもかかわらず、そんな思いを覆してしまった一品。煮鮑の清い清いスープを熱々で添えます。鮑は小さく切らず、大ぶりのまま召しあがれ。

*1 鮑は殻ごと20分ほど蒸し、肝と身をはずす。水、昆布、酒、塩、薄口醤油で煮鮑の地を作り、アクをひいてから鮑を入れ、地ごとバットに入れて6時間蒸す。

*2 しょうがの薄切りをひたひたの油とともにオイルバス・スターラーに入れて、80℃で8時間。同様にして柚子オイルも作る。鮑の肝を炊いたり、佃煮を作ったり、魚を焼いたりするときにも使っている。

*3 ふきのとうを刻んで水にさらし、ギュッと絞って濃口醤油をかけて混ぜる。ピーナッツオイルを220~230℃ぐらいに熱し、上からジャッとかけてかき混ぜる。ざるにあげて油をきり、素揚げした赤ちゃんそら豆を散らす。

六本木プリン

ぷりん【pudding】

記憶が甦る、記憶に残る、そんな味を作りたい。

『龍吟』オープン以来、作り続けているプリン。最初はプリン型に入れて蒸し焼きにし、型から出して供していたのですが、これだとどうしても硬さに制限がある。そこで、瓶に入れたら、とろりと舌にまとわりつく軟らかさを実現できるようになりました。

プリンを持って帰りたい、あるいはもっと食べたいという方に、唯一お持ち帰りいただけるデザートとして店頭販売もしています。ただ、持って帰れることが前提ではなく、あくまでできたて、ア・ラ・ミニッツを旨としています。つまり、一度も冷蔵庫に入れていない。冷たい茶碗蒸しと同じ感覚です。81℃で蒸し、氷をガサッと入れて冷やし、できたてを持って帰っていただきます。

濃厚な卵、ココナツミルクと牛乳を合わせて、カラメルを入れた上に注いで蒸します。カラメルは苦すぎず甘すぎず。少しずつ少しずつ火を入れて、全体が同じように色づき、だんだん濃くなっていくよう、丁寧に作ります。深く赤い紅色のカラメルが理想です。決して苦くはない。お子さんにもおいしく食べてもらいたいからです。大人の方には子供の頃の記憶をよびさまし、懐かしさを感じてもらいたい。お子さんには、「子供の頃食べた『六本木プリン』っておいしかったな」と、いつの日か思い出してもらえるよう、そんな思いで作っています。

そうそう、プリンを食べるときはスプーン選びがすごく重要。選ぶスプーンで味の伝わりがまったく異なるのですから。

言っていることをほんとうにやること。

日本料理の料理人をやっていると、誰もが疑問に思うことがあります。でも、それを解明するのはなかなかむずかしい。何十種類ものナチュラルな凝固剤が存在しているのに、なぜ、ゼラチンと寒天しかこの店では使わないのだろうか？　昨日の鯛《たい》と今日の鯛とでは、身の状態も大きさも脂ののり具合も全然違うのに、なぜ、同じプロセスで同じタレをかけて焼いているのだろうか？　そんな疑問がわいても誰にも聞けない。

「これでやれ」と上司に言われたら、自分が納得するまで、それについてこと細かく質問するわけにもいかず、その疑問の回答を上司から得られるのがいつになるかわからない。「仕事は盗んで覚えろ」と言う上司に対しては、部下に料理の魅力を伝え、指導していくために必要な「理《ことわり》」を伝える言葉ももち合わせていないのか、なんてつまらない上司か、と思ったほうがいい。教えない厳しさもやさしさのうち……といったレベルではありません。単に理不尽なだけ。一般企業では通用しません。「職人の世界だろっ！」のような考え方が、私はほんとうに嫌いなのです。理論と理屈を教えられないのであれば、キッチンで上に立つこと自体できないのです。

日本料理には、フランス料理のエスコフィエのような、「アリュメットはこの大きさ」といった、明確な共通言語があまりありません。拍子木とか千六本といっても、店によってまったく異なります。「何となく」が日本料理には多すぎはしないでしょうか。「この厚さでいけ」と言われたときに、サイズが少し違っていても、どこまで叱られたり、責任を問われたりするかは、その店の環境次第です。

医学の世界で、外科医が5ミリ隣の血管を誤って切ってしまったら、その患者は死んでしまうかもしれない。そのくらいの責任を抱えて、メスを握っているのだと思います。同じ白衣を着たプロ同士なら、我々料理人もそのくらいの精度をもって、包丁を握っているのだという気概がなければ、我々は刃物を持つことさえ、医師には追いつけないのではないでしょうか。元々、目指す世界が違うのですが、料理人の入口は広く、志したその日から入門できます。しかし、医師の門は狭いのです。我が国においてステータスの高い職業は皆、狭き門からのスタートが圧倒的に多い。努力を経てスタートラインに立つ職業と、何もないところからスタートできるのとでは、確かに違いますよね。プロになるために就職した以上、「気概」が何より必要なのです。

曖昧《あいまい》さをなくそう。理不尽さをなくそう。それは疑問に思っていることを本気で解明することにつながります。たとえば、鱧《はも》の骨切り。「このようにやれよ」と言われてやっている。なぜそうするのか、自分で解明した人はそんなにいないはずです。なぜそうするのか問われても、先人たちがそう教えてくれたから、で止まっている。それで、おいしいと評価を得ているので、結果よし、というわけです。

大昔に開発された技術に対して、もっとできないのか、となぜ思わないのでしょう。たとえば、白和えの衣。丁寧にすり鉢であたって、3回ぐらい、目の違う裏ごしでこしたら、きれいな衣ができる。それをフードプロセッサーでやったら、瞬時に泡立てた生クリームのようになめらかにできる。そんなマシンなど使って、ということではすでにありません。そういった状態を求めるがために裏ごしをしていたのなら、同じ状態にできるツールがあるなら、使うべきなのです。お客様のために料理を作っているのなら、完成度が何より大切であり、料理人のこだわりは、よくも悪くも、その先には立たないのです。

　疑問のままで終わっていることはありませんか。鱧の骨切りを最初にやった人は誰かと問われても、誰も答えられないでしょう。昔ながらの方法が、ほんとうに最高の技術なのか。それを調べようと、私はお医者様のところに鱧を持っていったのです。物理的、科学的根拠をもち出して検証してみる。そこまでやれば、それが必ず自分のものになる。そこで、なるほど、先人たちは何となくやっていたことかもしれないけれど、こんなにうまく理《ことわり》が料《はか》れたものだったのか、と気づくことができる。また、ここに隙があった。こうすればもっとよくなる、とわかったりもする。それによって進化することだってあるのではないか。

　何事にも「なぜ？」と問いかけてこそ、料理は進化する。これまで自分が１００％だと思っていたものが、80％だったことに気づく。その悔しさのあまり、素直にもう一度自らのプロセスを見直してみる。その結果がうまくいけば、おいしくなる。おいしくなれば、お客様の幸せに直結する。そのために、毎日、作業ではなく頭を使って料理を作っているわけです。自分たちの技術力が高まって、おいしいものが作れるようになった、というところが満足する地点ではない。それによって、よりよいものをお客様に提供することや、自分たちの研究で得た成果や技術を、惜しみなく公開し形にできたものを発信してこそ、自分たちの存在や、磨いてきた技術が報われるのです。そこまで考えてみませんか。

　料理は決して理屈だけで作れるものではありません。しかし、自分の言葉で日本料理を語れるようになるためには、検証したり、ほんとうにそれをやったりするかどうかが大事です。日本料理の曖昧さをどうやって解明していくのか。それにはちゃんと方法があります。頑張ってやり続けていくことは、「頑《かたくな》」に「張っている」姿ではありません。物事の本質がどこにあるのかを探して我意を抑え、自然の成りゆきをありのままに見つめ、素材を慈しむ心をもち、そこに素直に向かい合う。その心こそが、「願晴《がんば》る（「頑張る」という字がどうしても好きになれず、こんな字をあててみました）」……がんばっていることとなり、願いが晴れることになるのではないのかと思います。

　すべてに「なぜ？」と問いかけること。本質がどこにあるのかを探し出すために、考えなければいけない大切なこと。それが気持ちの中で重要だと思うのです。

春菜尽くし

春菜尽くし

はるやさい【spring vegitables】

日本の春を謳《うた》う野菜を、それぞれ最高の状態に仕上げて一挙に結集。

日本料理で「野菜をたっぷり」といってもおひたしか炊き合わせが手がたいところでしょう。たくさんの種類を贅沢《ぜいたく》に、というのは作るほうも大変なのです。すべてをいい状態でお出しするのがむずかしい。でも逆に、そこにこだわれば、可能性はあるのでは、と考えたのが春の野菜尽くしです。

春は野菜が素晴らしく充実する季節。苦みがあったり、香りがあったり、個性が強いものが多いので、一堂に会せば、季節感あふれたものになる。ものすごい贅沢感を味わえる。炊き合わせと同じで、野菜1種類ずつ全部別々に仕事をします。生のままなのが、うるい、よりうど、よりビーツ、新しょうがのあられ、木の芽。紅芯大根、丸くくりぬいた長いも。ゆでてあるのが、グリーンアスパラ、つくし、花びらにした紫いも。炊いているのが、えびいも、カリフラワー、花豆、白アスパラ[*1]、筍《たけのこ》、ふき、ゆりね。おひたしにしたのが、こごみ、たらの芽。揚げてあるのが、ふきのとうのガク。そして、炊いてから揚げたのが、かぼちゃと芽キャベツ。

それぞれベストの温度帯に仕上げて盛り合わせ、すだちの搾り汁をぽんぽんとかけ、おかか[*2]をばさっとふりかけ、ふきみそ、木の芽みそを添えて、しょうがのあられと木の芽を散らします。大事なことは、生以外は温かく、というか熱々で。炊いているものは炊きたて、揚げ物は揚げたてをサーブする。生のものは氷水からのあげたてで。一皿の中の温度差を伝えたいのです。

これの何が大変か。1人前ずつ6皿同時に提供するとなると、3人がかりでいっせいに盛りつけなくてはならないのです。器の中にセルクルを入れ、どの場所に何を置き、どの順番でどのように盛りつけるのか。ちゃんとルールがあります。温度感がごちそうなのですから、冷たいものがぬるくなったり、熱々のものが冷めたりしてはならない。だから、作りおきは決してできないのです。

竹のスプーンを添え、ガサッとすくって豪快にどうぞ、とお出しします。何がどう組み合わさっても食べ合わせがいいよう、バランスを熟考しています。何回食べても、違う印象になるからおもしろい。中には、おかわりされる方もいらっしゃる。「春全部入り」。心に響く季節感、素材感です。全部がごちゃ混ぜになると、味がわからなくなるのではと思われるかもしれませんが、個性が強く、自己主張してくれるのが春の野菜。ちゃんと口の中に残ります。ときどき、新しょうがや木の芽の香りがする、すだちが全体を包み込む。酸が全体のまとめ役になってくれるのです。

おかかを除き動物性たんぱく質は入っていませんが、それぞれの野菜がいろいろな表情を見せてくれて、飽きるひまがありません。食感があってコクがあって香ばしさもあって、甘い辛い酸っぱいもある。温度感も幅広い。究極のア・ラ・ミニッツ。きちんと仕事が施された料理です。春はいいですね。

*1 干しえびのだしでさっと煮てある。
*2 削りたての鰹節《かつおぶし》をふるいにかけて、再仕込み醤油をからめたもの。

すだちのソルベ

すだち【sudachi citrus】

シンプルだけど好相性。
後口すっきりの爽快デザートです。

徳島で修業したこともあって、和三盆、すだちはよく触れた素材。和三盆をそのまま水に溶かしてソルベ（シャーベット）が作れないかと試行錯誤しました。しょうがを入れる、八角で香りをつける……いろいろなことをやってみたのですが、一番ぴたっとはまったのがすだちでした。さすが同郷、徳島のもの同士、合うんですね。和三盆、すだち、そして水だけで、爽やかな清々《すがすが》しいソルベができました。

ただ、最初から最後まで同じ調子だとつまらないので、すだちの実をバラバラにして散らしてみました。どうバラバラにしたのかというと、果肉を液体窒素の中に入れ、凍ったあと液体窒素につけたままで上からつつく。すると粒がバラバラになるのです。それを取り出してのせます。こうすると、果肉の量で、好みの酸味に調節できる。適度に混ぜながら召しあがっていただきます。

たった三つの素材でできる、夏らしい爽やかなデザートです。甘いところ、酸っぱいところ、バランスのいいところ、いろいろなところを楽しんでくださいますよう。

聖夜

くりすますちきん【Christmas chicken】

遊び心を込めて、日本料理でクリスマスを演出する。

日本料理店ですが、クリスマスは大切にします。わざわざその日にいらしてくださるお客様に何らかの演出をしたいと思うのは当然のこと。でも、失敗はしたくない。毎年、悩むところです。カップルの方には、コースの中で一つだけ、頭の中にマライア・キャリーがかかるような遊び心を、この夜だけは見てほしい。そこで、一瞬だけの楽しみを考えました。もしも、クリスマスツリーの中から料理が出てきたら……。その前後には一切そんな気配は見せずに突然、ツリーを登場させよう。ハードはこれで大丈夫。では、何をお出しするか。クリスマスチキンからの発想で、手で持って食べられる熱々チキンはどうだろう。香港で見た完成度の高い手羽先料理を越えられないか……。骨を抜き、何かを詰めてメッセージ性の高いものにしたい。試行錯誤の末、やっと満足のいくものを発見。白濁した鶏のスープをもち米に吸わせて、おこわにします。ここに、官能性を高めるために極上の黒トリュフを加えます。トリュフをごろごろと贅沢《ぜいたく》に切って中に詰めてから、ピーナッツオイルで揚げる。皮はパリッ、中はモチャッとしてほしい。そのためにはどうするか。おこわだけではなく、スープをあんにして後から注入しよう。

1本ずつ、ちゃんと仕事を施します。まず、手羽先を熱湯にくぐらせ、皮を張らせて酢と麦芽糖をからめて干す。それを揚げるだけなのですが、揚げ物か焼き物かわからないようにしようと企んだ。炭を作る過程でできる木酢液《もくさくえき》で炭の香りをまとわせたら、おもしろいのではないか。

まず、酢。何を使うか、問題です。酢や油などの調味料はいつも集められるだけ集め、ことあるごとに試しています。ここでは、黒酢とホワイトバルサミコ酢を使ってみました。つまり、米とぶどうをミックス。そうして、コクがあってフレッシュな酢を作り、純度の高い木酢液を少量落として麦芽糖を加える。これに鶏をくぐらせてから一晩干し、パリパリに乾燥させてから揚げます。酢は焦げを防ぐ効果があるのです。こうして完成した、２０１１年クリスマスバージョン。かわいらしく落ちてくれたと思っています。

鱧尽くし　鱧茶碗

はも【pike conger】

繊細な鱧のおいしさの
すべてのすべてを味わいきる。

鱧《はも》の温かい茶碗蒸し。卵の地も鱧です。

まずは、鱧の骨からスープをとります。もっともコクがあり、かつクリア、さらにうまみも強いのが鱧のスープです。スッポンスープに負けないほどに素晴らしい。骨、頭、背ビレを除いたヒレ、みんな使います。さっと霜をふり、汚れを取り除いて、水、昆布、酒とともに沸かしてアクをすくいます。このスープに卵を合わせるのですが、ごくごく軟らかい仕上がりになるよう卵地を作る。器に、一度炊いた鱧の浮き袋、肝を入れ、卵地をはって蒸しあげます。

鱧尽くしというからには、上にのせるのも鱧。皮をひいて骨を切り（40頁）、58℃に温めた鱧だしに入れます。すると、ゆっくりゆーっくり花が開く。身の中のたんぱく質が、「火が入っていいのかな、中の肉汁を押し出していいのかな、えっ、どっち!?」というくらいのギリギリのところで引き上げ、蒸した

ての茶碗蒸しにのせます。まわりに、鱧だしに薄口醤油、みりんを加えて葛でとじ、すだちを搾ったあんを流し、上から青柚子と花穂を散らします。

卵地をすくって食べるときに、そのテクスチャーに合わせて鱧が食べられる。それがこの料理の最大のおいしさです。茶碗蒸しがなめらかなだけに、その食感を合わせるだけの骨切りの技術が問われます。身には皮がついていないので、口の中でほろほろっとくずれていく。皮のぷるんとした食感は必要なく、ちゃんとした鱧の身のハリは残してある。鱧は鱧、茶碗蒸しは茶碗蒸し、と別々に離れていくのではなく、一緒にくずれていくベストな状態を作ります。

鱧も茶碗蒸しもすでに完成しているものですが、この状態をとらえられることが大事。自分が最高と思えることは妥協なく必ずやる。それが未来を拓《ひら》くことにもなるのです。

もう、鱧の落としもお椀もさんざん食べた、鱧にも少し飽きたかな、というときの一品。鱧のいろいろな面を堪能できる鱧尽くし。スープのうまみや内臓のおいしさ、場合によっては鱧子も加えて、鱧のすべてを味わい尽くしていただきます。クリアなコクの中に酸が加わり、バランスがぴたりと合うと、いいものを食べているなあという気がします。

鱧の、驚くような食感を味わっていただく料理です。

可能性の証明。

どこに証明があるのか。

進化だ、可能性だ、と言っていますが、自分のやってきた「結果」をもってしか、自分自身を語れないし、語ってはいけません。その覚悟がプロフェッショナルとしての生き方だと思います。料理を作るシェフとしての責任と、自分の店を構えているオーナーとしての二つの責任がある以上、対・料理だけではなく、店を存続させる、すべての責任が私には発生します。私自身の、仕事に向かい合う決意と覚悟は無論ですが、すべての責任の中の、料理に関することだけをこの場でお話しするとしたら、いきなりの結論になってしまいますが、「可能性はお客様の心の中にある」。それがすべてです。

出てきた料理をパッと見た瞬間に、お客様は想像します。「これって、たぶんこんな味で、こんな食感で……」と。思った通りの味だった、ということもあれば、思ったものと違った、ということもある。思っていたよりすごい、となるかもしれない。その気持ちが可能性の証明だと思うのです。できあがった作品が証明するのではない。証明はお客様の心にある。それを忘れてはいけません。お客様がイメージされることをどう超えていくのか、それが可能性の証明につながると思います。

期待値を何らかの形で超えていかなくてはならない。たとえば、クリエイティブな要素を盛り込んだり、サプライズなどを込めたりすることで楽しさを演出する、それが海外ではよくあります。日本なら、季節感とか侘《わび》・寂《さび》などを演出する。日本料理は、とかく安心感を求められます。それゆえ、まったく知らないものをお出ししたりすると、非常にむずかしい判断を下されます。「これって日本料理？」とか、「脳が疲れる食事」とか……。

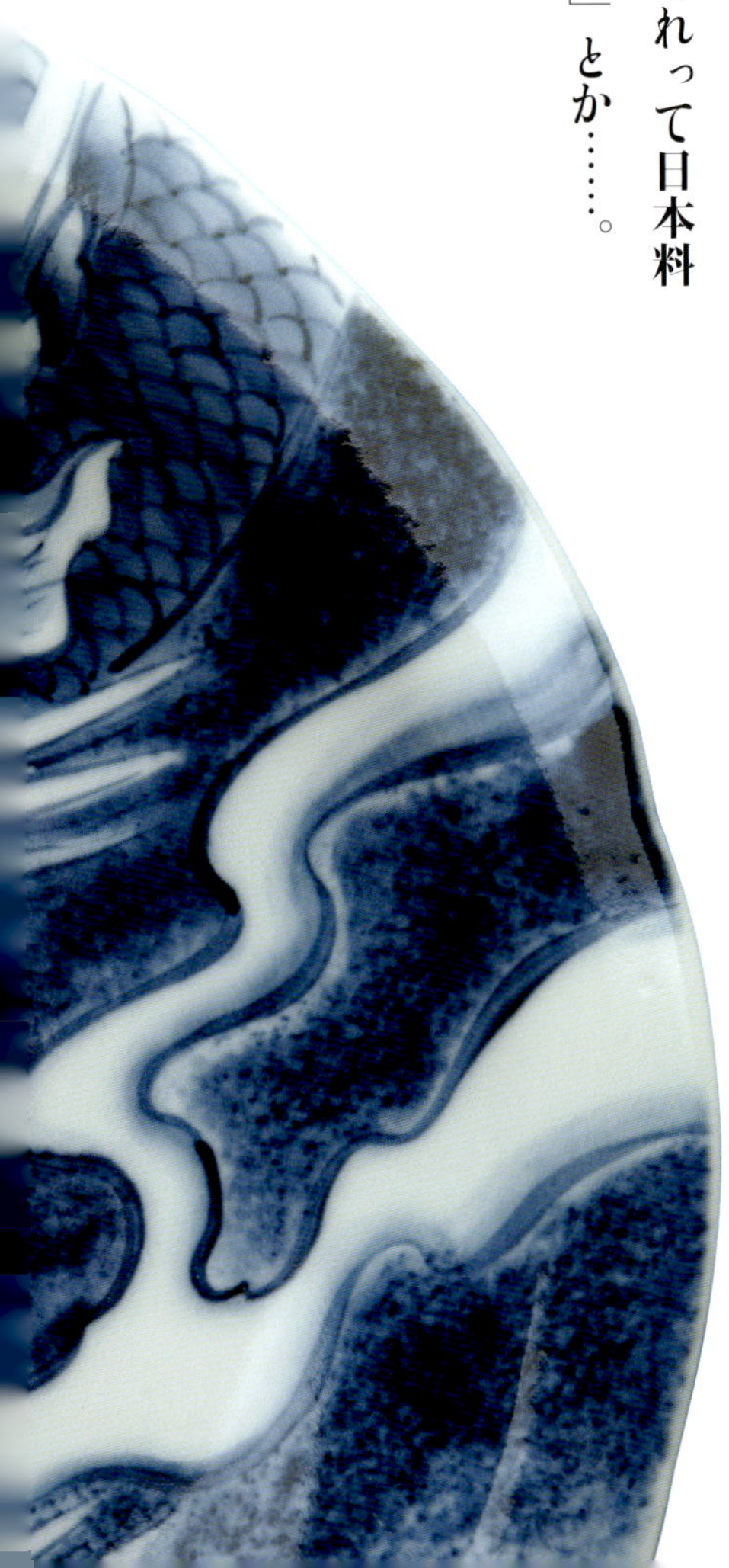

私の経験上、サプライズは日本料理においては、あまりよい結果を生みません。「理《ことわり》」をこじつけても、滑稽な料理になるだけです。でも私は、驚きだったりライブ感だったりを、日本料理に、ゆるやかに込めていきたい。安心感でしか何かを表現できないのなら、その安心感というものの価値を世界共通の価値に押しあげてからにしないと、自らの手で日本料理を狭い世界に引きずり下ろして仕事をしているのと同じです。

壁を取っ払って、いろいろなことを考えている人間は、「安心」という価値よりも、起きている間、脳をフルに働かせて限界まで考えて、「もっとあるはず」「何かあるだろう」「もっと、もっと」と心に唱えていなければ、仕事というレールの上を走る「作業」にしか感じなくなるのです。

そこで、日本料理に対する可能性を導き出

し、どんなふうに創造性を表現しているのかというと……サプライズではなく「目からウロコ」。それがキーワードです。びっくりの「驚き」ではなく、価値観を超えた驚きを指す。新しい驚きを伝えるための、便利な用語と言ってもいいでしょう。お客様がすでに認識されていることだけれど、それをいい意味で上回ることができれば、そこに初めて、うれしい「驚き」が生まれる。そういうものを料理に盛り込もう。ただびっくりさせるのではない、初体験を何度もさせてあげるのとも違う。そんな「目からウロコ」の体験をしていただきたい。そう心に思って料理に向かい合えば、日本料理を作るうえでの可能性は大きく開けていくのではないでしょうか。

何がこれからできるのか。日本料理はどれだけ進歩するのか。世界に発信したら、どれだけ多くの人々に感動を与えられ、我々は誇れるのか……。すべては、自らが可能性を信じられるかどうか、見出せるかどうか。そういうことなのです。キッチンに立つトップがそれを信じること……。そうすれば、環境も、そこに漂う空気までもが可能性にあふれるものに変わるはずです。

龍

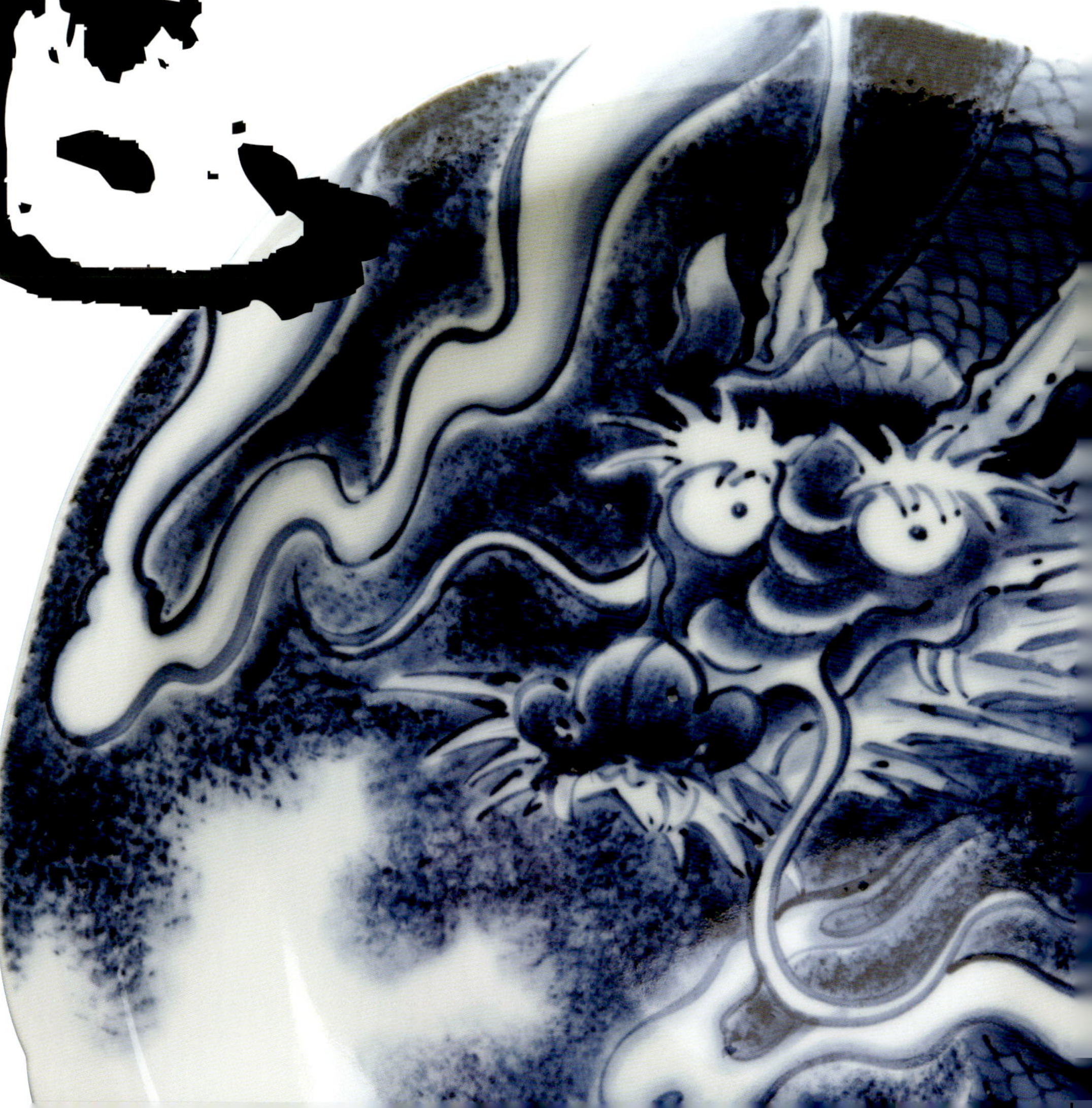

鮑しゃぶ椀

あわび【Japanese abalone】

味が重なり合った鍋のおいしさを一つのお椀に凝縮する。

蟹《かに》のお椀や鱧《はも》しゃぶ椀もそうですが、鍋料理を1人前ポーションのお椀で出す、というコンセプト。

鍋は具材のうまみが順々に重なり合い、その味の変化を楽しみながら豪快に食べていくもの。つまり連続ドラマですが、それを品よく1話完結型のお椀にすれば、コースの中に取り込めるのではないか、ガストロノミーとして表現できるのではないか。

そのトライアルがこれです。きちんと向き合えば、モツ鍋だってお椀仕立てにできる。数年前、トリッパをお椀に仕立てて完成を見ました。トリッパは白い食材。油で揚げてから、ぬか炊きしてクセを取り、そのあとだしで炊きあげ、白い野菜とともに盛りつけて、いいお椀になったのですが、実際にはお出ししたことはありません。可能性を試しただけです。

以前アラカルトの裏メニューでお出ししていた龍吟ラーメンのスープは、日本料理的アプローチで作っていたもの。一つの鍋にさまざまなうまみを出す素材を混在させて煮ていくのではなく、一つ一つピュアな状態のスープを複数ひいてミックスしたら最高のスープになるのではないか。料理屋ならば、それも可能です。きちんと向き合えば、できることはまだまだあるのです。

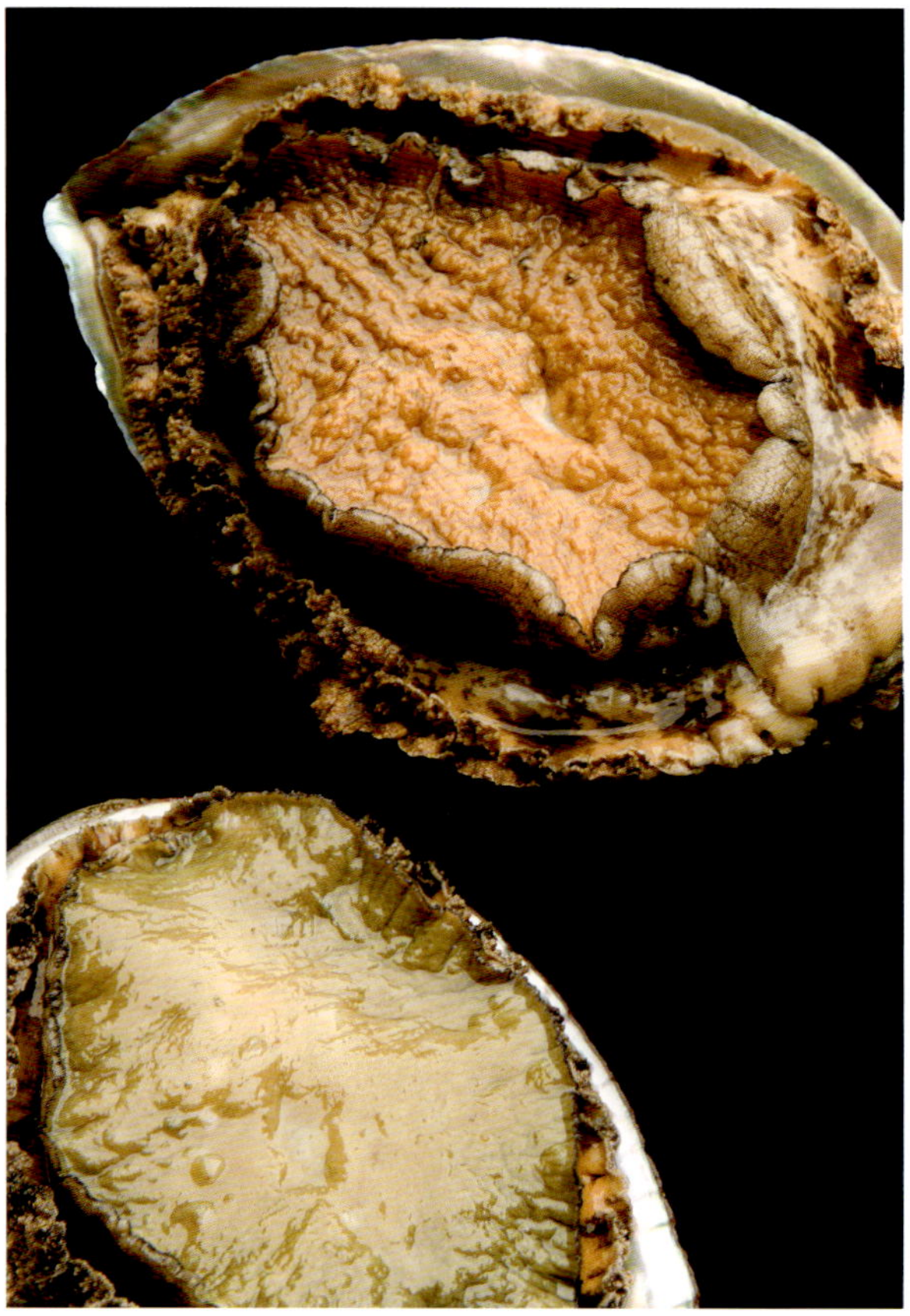

昆布だしに干し貝柱を一晩つけて、十分にうまみを抽出しておきます。これを温め、殻をはずして柳刃で横に薄く切った鮑《あわび》を、70℃のだしにさっとくぐらせます。8秒ぐらい火を通すと、鮑から体液が出て一瞬濁るのですが、アクを引くとクリアになります。そこに削りたての鰹節《かつおぶし》を打って2分以内にお出しする。これがお椀の吸い地になります。

まだ、貝として身がいかっている状態ですから、身が反り返る。合わせているのは、鮑がおいしくなる時期に出る冬瓜《とうがん》。かつらむきにしてから刻み、こちらも干し貝柱のだしで、塩味だけでさっと煮ます。まだ、しゃりしゃりした食感が残っている状態。それを鮑と盛りつけ、青柚子を重ねてから、吸い地をはります。

葛叩きあいなめ椀

あいなめ【greenling】

私にとっての命のお椀。魂を込めて、人生を懸けて作っています。

お椀の中で私が一番むずかしいと考えるのがあいなめです。ポイントは切り方と下塩。

あいなめは、身がいかった状態を絶対条件としています。食感こそが命。そり返って、パッンとした身でないと作りません。皮のゼラチン的質感は、お椀の中で気が散るので一切使いません。また、葛の膜をはらせたくても、皮があると、皮と身の火の入り方を揃えることもかなわず。一体感が生み出せないのであれば完成度は下がるだけだからです。

あいなめは皮を剥《は》ぎ、年輪のようになっている繊維に沿って、何か所か「く」の字形に切り込みを入れます。深さは3分の2ぐらいまで。これを輪にして爪楊枝《ようじ》で留め、葛粉をまぶして塩湯に落とします。あいなめは塩を身に直接あてると著しく食感を損なうので、身に塩はしません。その代わり、辛い塩湯でゆでるのです。湯に通すと葛粉が膜をはる、その膜を塩辛くするのです。20秒くらいで引き上げ、余熱で火を通せば、まるで桜の花のような身ができあがる。お客様は必ずといっていいほど、その切り込みのところを箸で切ってくれます。そうすると意図した通り、葛の膜と身の塩味のバランスがよくなるのです。

ゆでたあいなめは清湯《きよゆ》*をして椀に入れ、風味最高の吸い地を注ぎます。みょうがと木の芽を散らし、この時期に一瞬だけある長い豆もやしを束にしてのせ、さっとゆでた紅芯大根を花びらのように散らします。

大切なのは、何といっても吸い地です。だしは風味が一番。お客様ごとにだしをひきます。なにしろ、人生史上もっとも気を遣うお椀です。鰹節《かつおぶし》（雄節）を昆布だしと同じかさだけ用意します。鍋いっぱいのだしをひくには、鍋いっぱいの鰹節を必要とします。鰹節は手作業で血合いを取り除き、表面をすべてそぎ落とし、かなり厚く削ります。厚いと沈む。早く沈めたいのです。薄いと浮くので、それを沈めようとさわる。そうすると、風味よりもうまみが先に出てしまう。風味だけがほしいので、この間は我が意を入れず、見守るだけ。そして念ずる。風味だけがほしい、と。

鰹節はお椀を出すタイミングで、そのつど削ります。昆布だしは品のよい利尻で。沸騰するかしないかのところで火を止め、鰹節を一気に入れます。厚みのせいでズンと沈む。もし、アクが浮いていたら素早く取って、ゆっくりゆっくり上澄みをこす。ほしい香りのインパクトだけ取り出し、ほしくないうまみまでは出さない。一番だしというけれど、0・1番だしから0・9番だしまで見えてなくてはいけない。一番になるまでの過程が……。

すぐに塩をして味をみて、沸く直前に薄口醤油をぽとぽと、吟醸酒をたらり。一度でも沸点に達してしまった吸い地は、吸い地ではありません。風味の結晶が集まったところでお椀にはって、即、客席へ。一刻を争う料理なので、魂を込めて数名でかかります。このお椀のストライクゾーンは実に狭い。つくづく修業レベルが反映する料理だと思います。

＊油抜き、ぬか炊きなどのために、きれいな水でゆがくこと。

トリュフおから

とりゅふ【truffle】 おから【tofu refuse】

思いもかけぬ組み合わせが唯一無二の味を生む。

実は『龍吟』スペシャリテ。おからとトリュフ……?・?・? トリュフ1キロで、おからが1トン買える。そんな距離のある食材を組み合わせたら、おもしろいことができそうな気がしました。

地鶏モモ肉のミンチ、鴨頭《こうとう》ねぎ、にんじん、しいたけ。これがおからの具。ねぎは刻み、にんじんは輪切りの薄切りに、しいたけはざくざくと切る。それぞれを液体窒素で凍らせ、別々にフードプロセッサーで粉砕してパウダー状にします。おからはそのままテルモミックスに入れ、水を加えて回す。これは目を細かくするため。加熱して水分を飛ばし、元のおからの硬さに戻しておきます。

太白ごま油をゆっくり温め、ねぎを入れます。*すると瞬時に溶けてピューレ状になる。温度を上げて、にんじんパウダー、しいたけパウダーを加えて、おいしい野菜オイルを作ります。鶏肉を加え、オイルをからませながら火を通し、用意しておいたおからを加える。おからもなめらかだから、オイルとも野菜ともよくからまる。全体を均一に炒めたら、塩、砂糖、薄口醤油、濃口醤油、みりんを加えます。本来はおだしで詰めていくのですが、これは野菜オイルをなじませたおからという感じ。炊きあがりの熱々状態から70℃くらいまで温度が下がってから、刻んだトリュフをばさっと加えます。器に盛って、丸く抜いたトリュフを飾ってできあがり。

トリュフのうまみを際立たせるための媒体が、おから。トリュフは完成された料理にのせるものではなく、トリュフをのせて完成しなくてはならない。それだけで完成しているものに加えても、おもしろくないのです。この「トリュフおから」は肉料理のつけ合わせにもいい。おからがしゃしゃり出ることはなく、ちゃんとトリュフを押し出している。媒体としては優秀です。

＊凍らせる、また、解凍するとき、0℃～マイナス5℃が魔の温度帯ですが、液体窒素だと結晶の粒があまりに小さいため離水しない。つまり、ドリップが出ない。

ほたるいかご飯

ほたるいか【firefly squid】

ほたるいかのすべてをご飯とともにかき込める。絶妙の塩梅。

4月、5月によく作る、ほたるいかとふきの炊き込みご飯です。

炊き込みご飯には2種類あり。具もすべて一緒に炊き込むものと、ご飯だけをだしで炊いて、炊きあがってから具をのせるもの。これは後者です。まず、ご飯だけを炊きます。この時期、あおりいかをお造りで使う機会が多く、ゲソや大きな肝がたっぷり残ってしまう。それを活用するわけです。

肝はテフロン加工のフライパンでしっかり焼く。この肝と、さっと霜ふりにしてぬめりを取ったゲソを合わせて鍋に入れ、酒と水と昆布を加えます。そして、ゲソといか肝のだしをとる。あおりいかのゲソはものすごく甘いのです。そのいか肝だしに対して、薄口醤油をかなり控えめに加え、このだしで土鍋を使ってご飯を炊きます。いかの甘みと肝の香ばしさが入るので、何ともおいしいご飯になります。

次にふきです。ふきはさっとゆがいたシャクシャクの食感のものもおいしいし、くたっと炊いてだしをジュワッと含んだのもいい。ふきはきゃらぶきのような佃煮もおいしい。ふきはいいですね、だしをじゅんじゅん吸ってくれる。その細いところだけを使います。さっとゆでて筋を引き、シャキシャキという食感が残っている状態で淡いだしにつけてから、刻んでおきます。香りが豊かで食感もいい。

ほたるいかは塩水でさっとゆでて、目と骨とくちばしを取り、それを目の細かい網に並べて近火の炭火で焼きます。表面の温度が上がってきたら、冷ますような感じでいか肝だしをシュシュッと吹きつける。こうすると、ほたるいか自体に香ばしさが出ます。あまり火にかけすぎると、中の内臓が沸騰して吹き出してしまう。その手前まで熱する。これも狙い通りの火入れをすることが肝要です。

焼けたら網ごとそうっと持って、炊きあがったご飯に、ざばっと入れる。軽く温めたふきを散らす。その上に、ねぎの花*を散らし、蓋《ふた》を閉めて供します。

よそう際、ご飯をしゃもじで切ると、ほたるいかがグジュグジュとつぶれるのですが、それがいい感じなのです。それを「かき込んで召しあがってください」と、おすすめします。ちょっと重い。満足しすぎ。肉を食べてこのご飯を食べたらもう帰りたくなってしまう。フルボディなおいしさ、このうえなし。

ふきも、ねぎの花もいい仕事をしてくれます。しめのご飯にこれがきたら、「日本の春、バンザイ！」という気持ちになりますよ。

* ねぎの花は一ひらでもうりっぱなねぎ。二つ食べたらねぎくさくなるほど。スペインではよく使うもの。スペインで見つけて、日本で探した刺激的な薬味。

からすみ

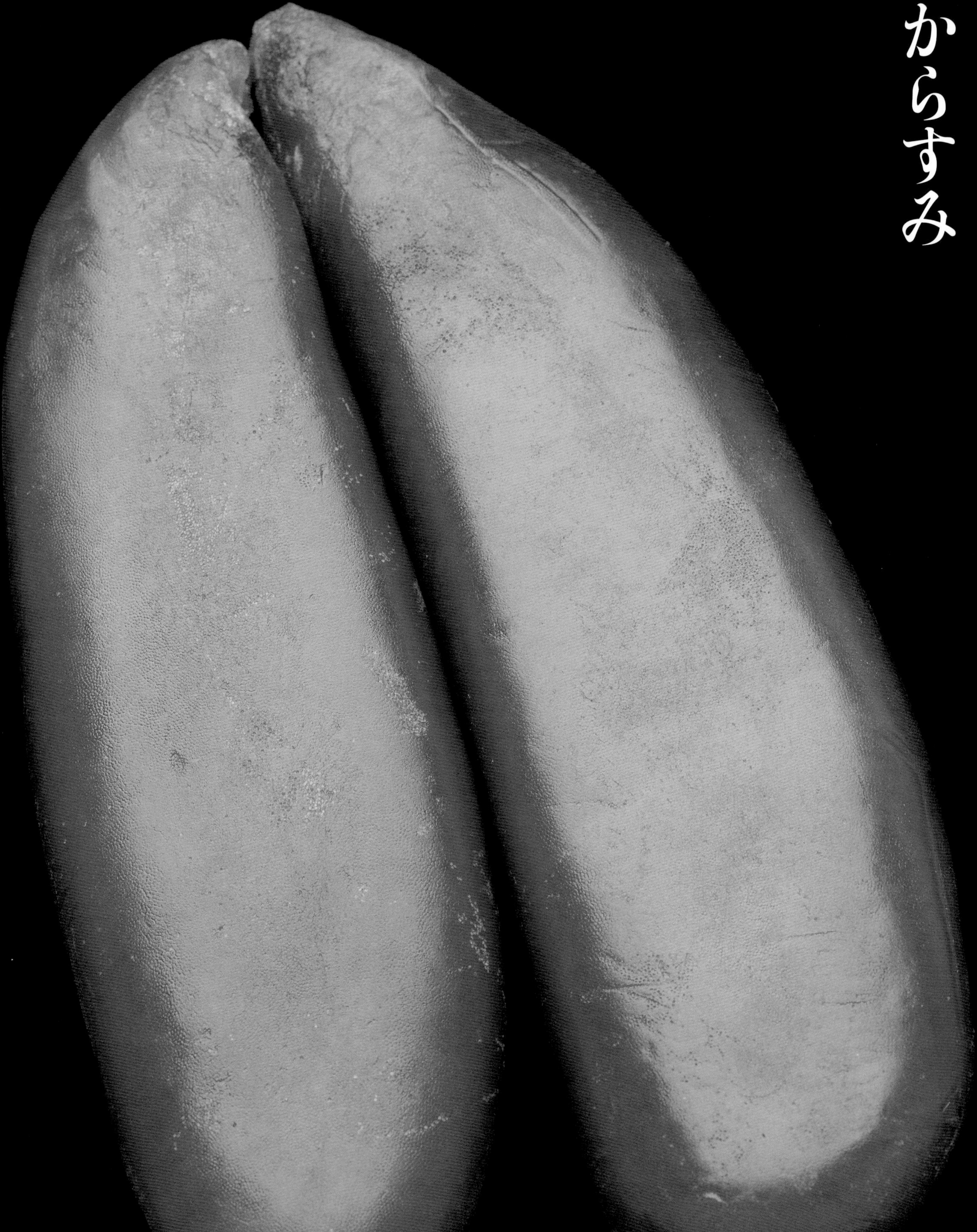

からすみ

からすみ【dried mullet roe】

プチプチが「ねっとり」に変わる。その瞬間を見極め、とらえる。

からすみを作るにはいろいろな方法があります。ものの本には、「1週間塩をする」と書かれていたりもする。しかし、ここでちょっと待てよ、と。1週間塩をするのと3日するのとではどう違うのか、5日はどうか。曖昧《あいまい》なことが多すぎる。個体差が大きいものに対して、どうなのか。どういう塩漬けがしたいのか、自ら考えるほうが重要ではないのか。そこで、私がからすみについて語ってみましょう。

出来、不出来を左右するのは材料です。ボラ子のよしあしが決め手。まず、ボラ子の状態で完璧なものを選びます。活けじめで血抜きしたボラの子なら、まず大丈夫。

ボラ子が届いたら、ヘソというかヘタを離れ離れにならないギリギリのところまで小さく切って、海水程度の塩水にドボン。血管の幅広いところを1か所ハサミで切っておきます。2時間ぐらい漬けておくと、血が残っていたとしても流動的になっているので、から[*1]すみ処理用の竹のへらで、その血を軽く寄せて切り口から出します。それから、塩[*2]を全体にまぶします。「まぶす」程度で大丈夫。穴の開いたバットを斜めに置き、太いほうを下にして、塩のついたからすみを重ねずに並べ、「たったの」6〜7時間常温でおきます。こうしておくと、中の塩分は太いほうに流れる。もしも、この状態で1週間おいておくと、カチカチのプラスチック状になってしまうので要注意です。

次に、洗って塩をはずし、表からも裏からも全体に針をプスプスと刺します。表面は辛いのですが、芯まで塩がまわっていないのです。このからすみを漬け込む「地」を作ります。普通、からすみといえば塩で固めたものを思われるでしょう。でも、塩以外にも好き[*3]な味がつけられるのです。ここでは、日本酒と焼酎を2対1で合わせ、薄口醤油、みりん、昆布、鰹節《かつおぶし》を入れておいしい地を作り、ドンとからすみを漬け込みます。地は徐々にボラ子に浸透していきますが、ボラ子のほうが塩分濃度が高いので、外に抜けようとする力も働く。ここで何をしているかというと、塩抜きをしながら同時に塩と調味液をボラ子の中に入れているのです。中はドライの状態で、グチュグチュにはならない。からすみは、漬け汁のおいしい味を吸い込みながら、元々入っていた塩が出ていこうとする。最初の塩

で、まわりがガッチリ固まっているのですが、次第になじんで、そのうち全体が、同じ塩のまわり具合、味のなじみ具合になっていきます。水は一切使いません。一晩か二晩。短いと一日。それは大きさや中の脂の量によります。よっぽど大きいと三晩のときもある。

表面はカチカチではなく、全体に「ぱーんとはった塊」という状態になるように干していきます。そのためには、途中頻繁《ひんぱん》に表裏を返す。水分が均一に抜けるよう干していきます。常温で干しても、アルコール漬けなので、くさくならないのがいいところ。なぜ最初にヘタを小さくしたのか。ヘタは油の塊で、もっとも酸化しやすい部分。ここが地に漬かると、地自体がいたみます。だから、その部分をギリギリまで小さくしてから漬ける。そして干すときは、取り除きます。

表面が乾いてきたと思ったら、逆に水分を与える。霧吹きで焼酎を吹きかけます。表面だけ素早く乾かしてしまうと、内部から外に水分が蒸発できなくなるのです。干しながら、重力によるボラ子の中の水分の移動を見ることも大事。肉の火入れではありませんが、グラデーションのある乾かし方では、おいしくなりません。なかなかに「お世話」が大変ですが、ここを押さえられなければダメなのです。

料理屋で狙うのは、「からすみ」という名のボラ子の表現だと思っています。からすみは指ですんなりと曲がるぐらい軟らかいほうがおいしい。ねっとり感が大事。でも、生干しとは違う。生干しだと、粒々があっておいしくないのです。卵のプチプチが塩になじんで、ねっとり感に変わる、そこを狙うのです。それ以上干すと、いわゆる保存食のからすみの域になる。これもまた「時をとらえる」ことだと思います。

干しあがったら、すぐに皮をむきます。皮は、日本酒でしめらせたキッチンペーパーで包んで5分ぐらいおくと薄皮がふやけて、ツルンとむけます。これを真空パックして冷蔵庫に入れておけば、腐ることはありません。

そのままでも十分おいしいのですが、からすみをあぶる場合には、必ず塊で表面をあぶり、それから切り出します。切り身の焼肉ではなく、ステーキといえばわかりやすいと思います。断面のねっちりしたところに火をあてることは、食感を捨ててしまうことになる。香ばしさは、元々薄皮のあったまわりについたほうがおいしいのです。

*1 竹から削り出した手製の竹べら。
*2 一般的なあら塩でよい。
*3 からすみ進化バージョンはいかようにもなる。たとえば、玉ねぎとねぎと白ワイン、金華ハムで作った地に漬ける。そうすると、魚卵系にワインは合わないといわれるが、ワインに合うからすみができる。めんたいこのようにピリ辛も可能。

龍鱗

りゅうりん【dragon fish!?】

知恵を絞り、あらゆる手段で編んだ、すべてのパーツが完璧な干物。

日本には「干物」という独特の伝統食文化があります。刺身でも食べられるくらい鮮度のいい魚を、干して熟成させ、うまみを増幅させるという技術。日本人の得意ワザです。

2012年、マドリッド・フュージョンに日本代表として招聘《しょうへい》され、我々日本人の誇れる日本料理とは何か考えました。暗中模索する中、いきついたのが「干物」。日本の食文化と豊かさを世界に伝えつつ、日本独自の干物の技術の素晴らしさと進化の幅を伝えたい、と発表したのがこの作品でした。

干物でいこう、と決めてから、あらゆる干物を食べ続けました。そして、一番おいしいと思ったのが身はきんき。皮がウロコつきのつぼ鯛《だい》、骨がさんまか赤むつがおいしいと判明。これらのすべてを備えた魚がいたら、どんなにおいしい干物ができるか。皮がウロコつきのままさくさくに焼けていて、身はジューシー、骨もカリッと食べられる干物はできないものか。そんなとき、香港で脆皮《ツェイピー》[*1]鶏《チー》に出合いました。皮がまるでガラスのよう。パリパリというからには、ここまでやらないと。まさに、目からウロコが落ちたのです。これを干物にあてはめられないか。

また試行錯誤が始まりました。いろいろな魚で試してみても、あちらが立てば、こちらが立たず。文字通り七転八倒しながら、長い試作期間を経て、やっと選びとったのが、赤むつでいこう、ということでした。季節を問わず、うまみがある。水分も多いし、味も濃い。ウロコは、ウロコの理想とするつぼ鯛のレベルに合わせるため、剝《は》がして干して油で揚げてウロコのチップスを作り、麺棒で細かくする。身は干すにつれ、ほどよくうまみが増す、完璧な状態に。では、骨はどうするのか。骨ごと食べられる干物のよさを表現したい。この骨を攻略するのに、気が遠くなるほどの時間を要しました。

そして、「開き」の両方に骨の列がつく方法を考えたのです。真ん中の太い骨1本だけを魚体からはずし、干して揚げて、煎餅《せんべい》醤油をぬって骨煎餅に。それを真っ二つに切って、その2本の骨をそれぞれ、身[*2]の中に戻すのです。これを干してうまみを増強させ、完全な干物の手前までやっておきます。皮目におかゆをうっすらぬり、赤むつのウロコをくっつける。串を打って焼き、甘鯛さくさく焼き(96頁)の要領で、バットでウロコを揚げます。

さて、この作為にあふれた料理の狙いは何か。何を伝えたかったのか。干物は最高においしいのに食べにくい。それを、ガストロノミーとしての可能性を明かしつつ克服したかったのです。こんなパーフェクトなパーツをもつ魚が、日本には普通に存在するかのよう。しかも、その干物を焼いただけと錯覚するナチュラルな仕上がり……これが、私が自分に課したお題、「干物の進化形」[*3]への答えです。

*1 皮がパリッパリで、箸を入れると、まるで陶器の貫入のように亀裂が入る。
*2 アプリケーターを使って骨を入れる。
*3 作り方の詳細は YouTube で。

うに冷やし碗

うに【sea urchin】　とうもろこし【sweet corn】

素材のもつ、さまざまな甘みを繊細に融合。

夏場によく作る冷たい茶碗蒸しです。生で食べられるとうもろこし、「ゴールドラッシュ」*1とか「味来《みらい》」などをフードプロセッサーで粉砕します。最初は、その実を搾って卵液と合わせていたのですが、甘みが強すぎてピンとこない。生で食べたとき、口の中でプチッとはじける水分がおいしいので、搾り汁は使えると思ったのですが、これは別の料理にしました。こちらは焼いて用います。

とうもろこしは焼いた香りがポイント。まず、とうもろこしを炭火で焼きます。表面だけに焦げ色と香りがつけばいいので、いきなり、醤油をぬって焼き始めます。焼けてきたら醤油をぬる、というのではなく、いきなりぬるのです。火が通っているかどうかは、一切考えなくてかまいません。

香ばしく表面が焼けたら身をはずします。ここで活躍してくれるのがコーンカッター*2。一網打尽に見事に実だけをはずしてくれます。これを裏ごししてピューレにする。長く焼いていないため、変な焦げくささがなく、甘みが増幅された香ばしさになっています。

この状態をとらえることが大事。ここに卵地を加えます。卵地は、卵に塩と薄口醤油、だし多め。とうもろこしのピューレと合わせると、クリーミーな卵地に。器に入れて蒸しあげ、すぐに器ごと氷で急冷します。とうもろこしのクレームブリュレといった感じになったところで、仕込みは終了。ここまでを事前にやっておきます。

仕上げは、茶碗蒸しの上に薄口醤油をスポイトで1滴ずつ落としたうにを並べる。そこに、芽ねぎとねぎの花、岩梨、さらに、あられに切って水にさらしてデンプンを抜いた長いも、揚げねぎパウダー*3を散らします。とうもろこしの甘み、ねぎの甘み、うにの甘み、この三つの甘みが奏でるおいしさを味わう料理です。

うに料理として、また茶碗蒸しとして、どちらの物差しで測られてもかまいません。

*1 みわくのコーン、ゆめのコーン、ハーモニーショコラなどなど、種類は多様。皮が薄く、甘みが強いのが特徴。

*2 いろいろな形あり。生でも、蒸したり焼いたりしてあっても、上手に実だけをカットできるスグレモノ。

*3 ねぎの輪切りを低温でじっくり揚げ、チップスに。それをミルサーで粉にしたもの。

鱧と松茸の焼霜

はも【pike conger】まつたけ【matsutake mushroom】

淡い味わいながら、うまみは濃い。一番おいしい瞬間を重ねる。

松茸《まつたけ》を焼きます。開きの松茸のカサの裏側を少しあぶったら返して、カサからジュースが出そうになったら、焼きは終わり。ジュースがあふれてきているのに焼き色がついてない、あるいは、焼き色はついたけれど、ジュースがまだあふれていないということのないよう、ジュースの出方と、好みの焼き色と香ばしさがぴたっと合うような火加減の調整が大事。それに尽きる。これを[*1]すだち醤油にからませます。

バットにキッチンペーパーを敷いて、柚子果汁とすだち果汁のブレンドを流します。ここに下処理を施した鱧《はも》（40～41頁）を皮目を下にして並べます。すると、皮の部分が酢じめ状態に。皮は半透明にずるっとなってくる。その鱧を炭で焼きます。

これまで、鱧の焼霜造りはいろいろな方法を試みてきました。身は生のまま、皮だけに火入れする。炭の直火であぶる、ホットストーンで焼く……。でも、自分のほしい焼き色と火の入り具合がうまくおさまらない。皮が反ってくるので焼きにくいし、焼きが中途半端だと皮が硬い。ちゃんと焼きたい。

皮は下処理のおかげで、ただでさえ薄いのに、酢じめにして、さらに薄く軟らかくなっています。そこで、真っ赤におこした炭の灰を取り除き、直接のせる方法を思いつきました。そうすれば、瞬時に焼けるのではないか。やってみたら、なんと皮が反って、身が炭を抱え込むような形に。剥《は》がすと、きれいに焼けている。そんなふうにまず焼いて、55℃の昆布だしに入れます。身のほうがゆっくりゆっくり開いていく。香ばしさもほどよい加減となる。その鱧の[*2]水けを取り、松茸をからめたあとの「すだち醤油」をかけて盛りつけます。ミクロプレーンで削った青柚子と花穂を散らします。鱧はよく氷水につけたりしますが、私は決して冷やしすぎない。20℃でお出しします。それ以下でも以上でもおいしいと感じないからです。

鱧は国産のみと決めています。ピュアなうまみが何より最優先。国産は皮が厚かろうが骨が太かろうが、油が少なかろうが、すべて完璧な技術力で対応する。素材レベルの自然な身のうまみが一番大切。この冷製の鱧、落としでも、松茸との組み合わせでもいい。梅肉や酢みそを添えずとも、[*3]これは十分に贅沢《ぜいたく》でおいしいものです。

*1 だし、濃口醤油、すだちの搾り汁を合わせたもの、飲めるぐらいの薄さ。場合によっては、若干みりんを加えることも。

*2 そのままだと昆布だしがひたひたに入っていて、水っぽくなる。この水分をどう取るのか。手で絞ったらハリがなくなる。そこで、サラダ・スピナー（野菜の水きり器）に並べ、ゆっくり回して水けをきる。

*3 詳細は You Tube で。

夏菜

かさい【summer vegetables】

日本料理の野菜料理の可能性。
食感の妙を楽しむ。

春野菜が終わった頃に、この夏菜が登場します。夏野菜は爽やかさを味わっていただくもの。おひたしだけでもいいのですが、ここには贅沢《ぜいたく》感をもたせたい。甘くておいしい小粒のうにがあるときに作ります。

器の真ん中にセルクルを置き、まわりに、うにを並べます。ゼラチン入りの干しえびのだしをはり、器ごと冷やして、セルクルを抜く。抜いた穴にまず、うにとよく合うのり[*1]を入れて、その上に野菜を盛り込みます。オクラ[*2]、ヤングコーン[*3]、白ずいき[*4]、海ぶどうに、薄切りにして素揚げしたエリンギチップス……。すだちの爽やかさ、パリパリのエリンギ、のりの香ばしさ、あさつき[*5]の花を散らします。

干しえびのだしは甘い。干しえびの甘さとうにの甘さの相性が絶妙です。うにとだしのジュレがくずれていく中に、夏野菜のおひたしがからまっていく。スプーンを添えて、「かき混ぜてどうぞ」とお出しします。野菜料理としては贅沢。うにとジュレがからまったものをソースに、夏野菜のサクサク、シャキシャキ、パリパリ、を爽やかな状態で食べていただく。いろいろな野菜の甘み、海ぶどうのプチプチした食感も楽しい。

食感のバランスというのは、これがあったほうがいいという方向にどうやって落とすかが大事。「添える」のではなく、一緒に食べることで生まれる楽しさなのです。干しえびのだしとうにの甘みで、もう勝負あり、というところがありますが、食感の組み合わせとして、ほしいものがすべてあるというところにもっていきたい。その完成度をご覧いただきたいと思います。

*1 佐賀の「三福《さんぷく》海苔《のり》」を使用。
*2 ゆでて輪切りにし、箸で突いて種を抜く。わさびとすだちとだしで割った薄口醤油で和えておく。
*3 しっかりと素揚げする。香ばしい香り。
*4 帯のように切って水でさらし、アクを抜いてから、酢少々を入れた湯でゆでる。氷水で色を止めて絞り、だしと合わせて真空にかけ、中にだしを強制的に入れる。ただ、中の水分が外に出て、だしと入れ替わるので、同じことを2度やってすぐに使う。
*5 単純に彩りだけ添えるエディブルフラワーのようなものは好きではない。でも、ねぎの花にはちゃんと香りと味がある。彩りではなく、食材としてとらえて使っている。

空気わらび餅

くうきわらびもち【air warabi-mochi】

泡から生まれる不思議な食感。宇宙的デザート!?

わらび餅はわらび粉に砂糖を入れて練りあげ、きなこをまぶしたもの。この「空気わらび餅」、スタイルはわらび餅ですが、わらび粉は一切入っていません。では何か。牛乳に和三盆の黒蜜《くろみつ》を入れただけのものです。

和三盆の黒蜜（22頁）は、牛乳に入れただけでも十分おいしい。牛乳の気泡を含みやすい性質を利用して、黒蜜を加えた牛乳を泡にします。その状態でゼラチンを加えると、泡ゼリーができる。ゼラチンは冷やすと固まろうとする力がありますね。でも、固まろうとする途中、攪拌《かくはん》すると気泡が入ります。それでもまた、固まろうとする。気泡を抱きながらも、固まりたい方向に進むので離水しないのです。全体が見事に泡の塊になる。それを冷蔵庫でそっと固めます。こうして、黒蜜牛乳泡々ゼリーができました。

泡のテクニック自体は教わったものです。ですが、泡ゼリーのみでは軽さだけが際立つ感じがします。今ひとつモチッとくるコシがない。最近になって、もっとムチッとした泡ゼリーは作れないかと考えました。いろいろなもので泡立ててみましたが、思ったような泡にならない。ようやく思いついたのが、オリジナルの「デンマ・ホイッパー」。何のことはない。強力な電気マッサージ器の先に茶《ちゃ》筅《せん》をつけたものです。このマシンを使うと、キンキンに冷やした牛乳が、何もつなぎを入れなくても、生クリーム状態になって角《つの》が立つ。たとえばですが、これで抹茶を点《た》てると、ありえないくらい均一でなめらかな泡が立つ。これを自作して、2011年1月に、最新機器としてキッチンにデビューさせたのです。

このデザートを含め、『龍吟』の泡関係のものすべてが大進化を遂げました。そして、日本の茶筅の性能の素晴らしさを改めて見直しました。何より、電気マッサージ器ですから、強弱が調節できる。茶筅ですから、器にも直接あてられるのも強み。こうして、コシのあるムチッとした泡が作れるようになったのです。この泡々マシン、もうすでにいろいろなところで発表しました。誰でも簡単に上質なメレンゲが作れる、デザートにも大いに活用してもらえると思ったからです。

さて、このエアーわらび餅は1個ずつパクッと食べていただきます。口の中でふわーっとなくなる不思議な食感。空気のように何個食べてもおなかいっぱいにならない。だから、「空気わらび餅」です。玄米茶パウダー*をかけて仕上げます。

2004年から作っているこのデザート。玄米茶に加え、ココナッツパウダー、きなこ、と色を替えて、いつもは3個でお出ししています。ふりかけるものを3種類にすることで魅力も3倍に。本体の黒蜜入り牛乳を、いちごミルクに替えてもいい。可能性はいくらでも広がりますね。

＊玄米茶を粉末にしたもの。美しい緑と香ばしい香りが身上。

栗パフェ くり【chestnus】

素材感を閉じ込めた、日本料理ならではのスフレ。

実はスフレ好きです。熱々のできたてが、約束されているから……。おなかが満たされたあとでもペロリと入る。このスフレの考え方をそっくりそのままいただいて、日本料理として表現できないか。

スフレは器から生地が立ち上がっているのがスタイル。でも、そのままではあまりに洋風すぎる。器からはみ出さない、中でふくらんだ状態にする。そうなると、見た目がスフレっぽくはならない。保温性の高い備前焼のそば猪口《ちょこ》の中でスフレを立ち上げ、綿をはさんだ*仕覆《しふく》みたいなものを着せました。これで、短絡的ではありますが、形としては和に落ちたのではないか。

また、スフレのよさは軽さのみならず、素材感を閉じ込めることができる点。だから、ベースはシンプルなものがおいしい。栗の渋皮煮を裏ごししてスフレ生地を作り、卵白を立てたものを合わせて焼きます。上から蒸した栗をミクロプレーンでふわふわに削って落とし込み、渋皮煮の栗のアイスをのせて、玄米茶パウダーをかけた栗の薄焼きを添えます。熱々と冷たいアイスの温度差も一興。

そのままボンと出すと洋をアレンジしたものにすぎませんが、つき詰めれば、たとえピザを作っても炒飯を作るのであっても、日本料理としての完成度で理《ことわり》を見出し、作り出せるはず。もののあわれや、はかなさ、また、引き算の美学、といった日本的価値感の中だけで日本料理を語るのではなく、それをわかったうえで、あえてそれを取っ払い、あんなこともこんなことも料理で操れなくてはならない。

どんな国の人が食べてもその素晴らしさを感じてもらえることこそ、日本料理が世界に出ていくことではないか。私たちは日本料理の精神を自然に学んでいるからこそ、その精神を世界に通じる形でアウトプットする必要があるのではないでしょうか。

＊茶道で茶入れなどに使う袋物。それをスタッフでチクチク手作りしたもの。

常々思っていることを日頃語っていますか。

日々感じとれるもの、気づくこと、料理を作っていて、これっていいなあと思うことを、いろいろな場面で言葉にして伝えていますか？　そうでないと、人を育てることはできないし、よい流れを生むこともできません。料理人は、常に人と向かい合って話していなくてはならない。

私は修業中、よく先輩から「黙って仕事せい」と怒られたタイプですが、「おしゃべり料理人」になることは、誰が何と言おうと大事。自分の世界観を、思いを込めてスタッフに伝えきって、そのうえで、価値観をともにして、一緒に仕事ができるのが本物の仲間ですから……。

何が起こってもじっと見ているだけの人が一番よくないと思います。上に立つ人がそれだと、もっといけない。少しでも気になれば、すぐに口に出す。自分の考えすら理路整然と伝えられない先輩では、職場内に活気が生まれません。超生真面目で、自分のことだけは完璧でも、まわりの人たちに関心を示さない上司は、あまり人の上に立つべきではないと思います。

そういう意味では決断力が早い、つまり気が短いことも大事かもしれません。パッと見てダメなら、すぐにダメと言えることが大事なのです。「何でそうなんだ」「違うだろう」、と言うだけではいけない。それでは1年生と同じです。指導する能力に欠けている。正しい答えを上に立つ人間として、愛情あふれる言葉で伝えることの重要性と、上に立つことの責任を常に認識していなければなりません。自分が発する言葉一つで、後輩たちは心を揺さぶられ、眠れないことだってあるのだ、ということを理解して、頭を使い、責任のある言葉で向かい合い、一生懸命心を砕いて伝えなくてはなりません。

医学の世界では、新たに研究開発された薬や治療方法は速やかに、惜しげもなく当然のように学会で発表され、医師たちが皆で技術を共有するシステムがあります。世のため、人のためになることを開発し、学会で発表することは間違いなく名誉なことである、という共通認識のもとに成り立っているからです。それを発表するには、確固たる裏づけや根拠、臨床試験があり、すべての「なぜ？」に答えられなくてはなりません。

思いつきのおべんちゃらや劇場トークでその場を盛りあげれば成功を勝ち取れるような曖昧な世界ではない……。プロとして結果でしか、何かを残すことはできないと自覚しているからです。

これからの料理人は、たくさんの想《おも》いやアイデアを言葉で伝え、発信し、公開し、共有すること。そんな豊かな心をもつことが大事ではないでしょうか。リアルに切磋琢磨し、皆で築いて共有し、世界に発信し、この業界をさらに発展させていきませんか。

我々は、おべんちゃらとは違う、本気の想いを語り合えるおしゃべり料理人でいよう。

いきなりおいしい。しみじみおいしい。想い出すほどにおいしい。

日本料理は経験値を問われる料理です。誰が食べても同じように伝わるかは微妙なところがある。最初の一口で、料理のほうからガツンとおいしさが伝わってくる「いきなりおいしい」は、誰もが感じられるおいしさ。「しみじみおいしい」を感じとれるには、ある程度、経験が必要です。うまみと風味など、目に見えないものを感じとらなくてはなりません。それをきちんと言葉に替えて伝えていかないと、日本料理を世界の共通言語にはしていけないのではないでしょうか。

作り手である我々がまず、グローバルなガストロノミーの世界に身をおいて生きているのだという覚悟が必要です。所属する職場で働いている前に、飲食サービス業界の一員であるという自覚が必要なのです。

たとえば、フランス料理や中国料理は、国籍、年齢、性別、学歴、宗教を問わず、同じように味わいが伝わる、「いきなり」おいしい構成になっているものが多いような気がします。

でも、日本料理はそうではない部分が多い。日本には「しみじみおいしい」ものを愛《め》でる習慣があります。だから、お椀の最初の一口を淡いと感じても、飲み終わったときに、ああ、おいしかった、と思う。

この感覚は、日本料理の「精神」に宿っているものです。その「精神」をきちんと言葉にして伝えることで、日本料理が世界の共通言語になっていけるのではないか。そして、目を閉じ、胸に手を当てて、このところ、自分は何が幸せだっただろうと考えたとき、ああ、あのときにいただいた日本料理はおいしかったなあ、幸せだったなあ、と思い返してもらえる……そんなおいしさを作りあげ、伝えていけるようになりたいと思っています。

蟹しゃぶ椀

ずわいがに【snow crab】

うまみが重なり合う鍋の終盤のおいしさをギュッと凝縮してお椀に。

むずかしい話ではありません。お鍋のお椀仕立て。私の得意ワザ、鍋の「いいとこどり」のお椀です。鍋はうまみが重なる最後が一番おいしいところ。その鍋のおいしさを伝えたい。ということは、最初から鍋の最後の味にもっていかなくてはならない。さて、蟹《かに》です。蟹はとくにどこという産地にこだわりはありません。状態にはこだわりますが……。

山陰のタグつき松葉蟹を選びます。蟹は生きた状態で、胴体、ハサミ、脚と分けておきます。胴体とハサミは蒸してから、中の身もミソも取り出し、身とハサミの身はたっぷりのミソで和えます。脚は生のまま。とにかく、松葉蟹は素材自体が完成しているので、蟹の味をそのまま伝えることが一番の贅沢《ぜいたく》だと思います。

松葉蟹は殻からもいいだしが出ます。身をせせって取ったあとの殻に昆布をさし、水と酒でぐつぐつ炊き出します。煮詰めることで、甘い蟹のだしがとれる。しかも、嫌みがまったくない。渡り蟹ではこうはいきません。

椀だねの一つ、ロール白菜を作ります。白菜の葉を蟹だしでさっとゆでて、おひたしに。その葉を広げ、せせって取った身をロールキャベツの要領で包みます。これを椀盛りする直前に温めます。生の脚はさっと霜ふりにし、縦に2列ハサミを入れて、傷つけないよう身を取り出す。赤い膜に包まれているので、それをピンセットで取り除く。その真っ白い生の身を蟹だし100％に薄口醤油と塩少々を加えた中でしゃぶしゃぶにします。花が咲いたように身が開き、その間に蟹だしがからみます。長くつけないで、ほんのり温まる程度に。

蟹だしは一番だしで割ってはります。一口飲んだら、いきなり、蟹鍋のしめの味。おいしいのです。蛇足ですが、私はお椀で蟹しんじょうは作りません。リクエストされてもやらない。というか、しんじょうをメインにしたお椀自体、私の中では禁じ手にしている。なぜなら、おいしいと決まっているからです。しんじょうの作り方にもいろいろありますが、主素材に対し、つながるかつながらないかくらいに少量のすり身を加えるなら「あり」だと思います。しんじょうは、すり身自体の完成度がおいしさの要素として大きいところが嫌いなのです。また、献立上、大事なお椀なのに、素材感を重視しているとも思えない。そんなところが安心感の塊のようで、自分と戦っていないような気持ちになってつまらないから作らないのです。

松葉クラブ

松葉クラブ

ずわいがに【snow crab】

べったら漬けのパンチがきいた
いきなりおいしい蟹の黒酢焼き。

松葉蟹《まつばがに》はどんなふうにしてもおいしい。蟹が解禁になって3か月もすると、ゆでたり焼いたり、お鍋にお椀に、と食べてきて、もう普通の食べ方では飽きてきた。でも蟹は好きで食べたいという方に「こんなのありますよ」と、お出しします。花柚子が出始める頃あたりに、食べ納めのような感覚で……。

松葉蟹でも多彩なことができる。もちろん、とんでもなく贅沢《ぜいたく》です。シンガポール名物のマッドクラブ（のこぎりがざみ）で作るチリクラブやブラックペッパークラブを食べたとき、これは松葉蟹でやっても意味はないと思っていました。元々、松葉蟹は「しみじみ」も「いきなり」も双方もち合わせている素材。濃厚な味わいで、蟹のうまみをたっぷり召しあがっていただくパターンで完成しているのですが、でもその意に反して、季節の最後に普段とは正反対の表現をしてみました。

松葉蟹はハサミ、腕、脚、胴体と分けて、胴体だけ、丸ごとさっと半生程度になるまで蒸します。蟹ミソを取り出して、少し煮詰めて水分を飛ばしておきます。胴体はエラを取って四つに割り、下準備は完了です。

ハサミ、腕、足、胴体、すべてに上用粉*1を打ち、粉がなじんでから200℃の油へ。揚げるのは火を通す意味と、蟹に膜を作るため。ざるにあげて油をきります。6万キロカロリーのドラゴンバーナー*2に中華鍋をかけ、新しょうが、黄にら、長ねぎのみじん切りをたっぷり、太白ごま油で炒めます。

そこに、チリクラブのおいしさの素、酒《チュウ》醸《ニャン》*3の代わりに、べったら漬けのみじん切りを地ごと入れる。野菜全体に火が通ったら蟹を入れ、揚がっている表面にそのうまみをまとわせます。松葉蟹は殻からいいだしが出る。香りもいい。炒めている間に、野菜全体が蟹油でコーティングされたような状態になります。ここに、黒酢のジュレ（114頁）のゼラチンを入れていないバージョンをばさっと加えます。

全体がからんだところで、煮詰めた蟹ミソを鍋に戻し、軽く和えます。豪快に土鍋に盛って、軸三つ葉のみじん切りをふりかけ、花柚子を散らします。味は殻のまわりにしかついていないので、中の身は濃い味にはおかされず、松葉蟹の繊細なおいしさそのままに召しあがっていただけます。

お客様には盛りつけた状態でお見せして、脚は殻の両サイドに切り込みを入れて取り出しやすくし、銅体のほうは身をせせって供します。今季最後の食べ納めにとお出しして、はずしたことはありません。ダイナミックに召しあがってください。

*1 上用粉は、関西方面で使われる「米の粉」の中でもとくに細かくついた粉。
*2 日本料理の厨房《ちゅうぼう》とは思えない中国料理仕様の強力なガスバーナー。
*3 中国料理、中でも四川料理でよく使われる秘伝の調味料。もち米と麹《こうじ》、酒を混ぜて発酵させたもの。

鱧松すり流し

はも【pike conger】まつたけ【matsutake mushroom】

このうえなく濃厚な「鱧松」を演出する。

鱧《はも》と松茸《まつたけ》は、まさしく初秋の出合いもの。相性のいい組み合わせの中でも、贅沢《ぜいたく》感を抱かせる高級なライン。その上品な味わいは、完成度の高さにおいて、日本料理界に君臨する秋の味覚の王様といえます。どんな仕立てで合わせても間違いがないうえ、日本人なら誰もがおいしいと感じられ、喜ばれるもの。繊細なもの同士、土瓶蒸しにする、お椀にする、おひたしにするなど、さまざまな料理でしみじみと秋を味わいます。

この組み合わせ、状態を少し変えるだけで、強烈なインパクトを放つ出合いへと変わる。個性と個性を合わせることで、おいしさを増幅することができるのです。ただ単純に出合いものだから合わせているわけではありません。正統派ながらインパクトの強い表現が可能なのです。もっとも濃厚な組み合わせがこの「鱧松すり流し」。なにしろ、だしが鱧松なら具も鱧松なのですから。

鱧のアラをさっと霜ふりにしてから、汚れを取り除き、水、酒、昆布とともにスッポン仕立てにして、クリアな鱧だしをとっておきます。鱧の身は骨切りを施してから（40～41頁）、皮のぬめりの層とゼラチン質の層を剥《は》がし、極限まで薄くしておきます。松茸はカサと軸に分け、軸は焼き松茸に。この軸と鱧だしを少量加えて、テルモミックスで松茸ピューレを作ります。

先にとっておいた鱧だしを沸かして、薄口醤油と若干のみりんを加えて味をとります。そこに、下ごしらえした鱧をくぐらせて引きあげ、お椀に盛る。松茸のカサのほうも、同じ鱧だしにくぐらせて鱧と盛り合わせます。松茸のピューレに鱧と松茸に火を通した鱧だしを加えてのばし、香りとうまみの塊のような松茸すり流しを作って、お椀にはります。刻んだ青柚子をのせて完成。鱧と松茸のエキス満載の、いきなりおいしいお椀です。

花山椒すき焼き

はなざんしょう【Japanese pepper】ぎゅうにく【beef】

理屈抜き。いきなりおいしい、
すき焼きと焼肉のいいとこどり。

日本料理の世界共通言語の代表格といえば、すき焼きです。そこで炭火を使って、狙いどころを変えて表現してみました。

だしに濃口醤油、砂糖、揚げにんにくを漬け込んだ、さらりとした割下を作ります。ここに、ステーキよりもっともっと薄いサーロインを5分ほど入れて「漬け」にします。このとき、たれと肉はキンキンに冷やしておきます。これがポイント。それを炭火で焼くのですが、コンロに炭を入れて、炭の上に直接網を置いて焼き色をつけます。表と裏を一瞬焼くというイメージ。まわりのたれが焦げているだけです。冷やした肉でないと、この一瞬でも火が入ってしまうので要注意。これを食べやすい大きさに切ります。

行者にんにくと葉にんにくを合わせてカリカリに揚げ、牛肉と交互に積み重ね、花山椒《はなざんしょう》をまわりに散らします。花山椒と揚げ野菜のマリアージュに肉の脂がからまって、いやでもおいしい。焼いた肉というより、焦げたたれがまとわりついた肉です。肉はゆるやかに脂肪分が戻ったという状態。脂がプチプチ出てくるところまでは焼けていない。油をしっかりきった野菜のチップスが、まわりにからまりついたおいしさ。肉は、割下の中に入れた揚げにんにくの香りが、ほんのり移った状態。食感は焼肉ですが、味わいの伝わり方はすき焼きドライバージョンという感じ。一口目から、いきなりおいしい。ご飯が食べたくなります。もちろん、赤ワインも合うこと間違いなしです。

鱧なす椀

はも【pike conger】なす【eggplant】

**鱧となすの合体に成功。
しみじみ&いきなりおいしいお椀。**

鱧《はも》と賀茂《かも》なすの揚げ出しは、昔からあるおいしい組み合わせ。油のコクをまとわせたなすと、鱧の相性が悪いわけはありません。鱧は＊牡丹《ぼたん》にすると中が空洞、そこになすを抱かせたらいいのではないか……。それから、数えきれないほどの試作を繰り返しました。最初、なすを棒状に切って鱧で巻いたりもした。

しかし、ここで心配が一つ。一体どう食べてもらえるのか……。鱧の割れ目のところで割っても、なすはついてこない。巻かずに手前に添えたらどうか。そうすると、汁をはると確実に油が浮く。素材のもつ油ではないものが浮くのは、完成度が低いことになってしまう。それは避けたいことでした。

なすの中でも、揚げるともっとも甘みを増す賀茂なすから出てくる水分と繊細な鱧を合わせて、口の中で二つを同時に咀嚼《そしゃく》してもらえる、うまいお椀を作りたい。おだしはしみじみおいしくて具はいきなりおいしい。そんなお椀です。

問題は、なすと鱧をいかに一体化させるかでした。なすを素揚げしたら油をたくさん吸うし、何より鱧とくっつかなくなる。下味も入らない。そこで、まず、なすに粉を打って揚げ、衣の膜にだけだし醤油を含ませる。それから、その表面を軽く焼きつける。そして、裏と表に深さの3分の1まで十文字に切り目を入れる。今度は鱧の皮目に片栗粉を打ち、なすを巻いて、身のほうには葛粉を打つ。それをピンで留めてゆがくのです。こうすれば、鱧の割れ目のところに箸を入れ、二つに割れば、確実になすも一緒に割れる。鱧となすはしっかりとついているので、さらに半分にして口に運ぶときも四つにきれいに割れる、という寸法です。カトラリーではなく、箸で食べる日本料理ならではの工夫といえます。

『龍吟』の鱧の皮は、ぬめりの層とゼラチン質の層をはぎ落として繊維層しか残っていない（40～41頁）ので、皮に火が入るのは一瞬のこと。蒸れる程度で大丈夫。身が開くために要する時間は、わずか8秒。普通なら、皮に一瞬で火が入るということなどありえない話。身のほうにベストの火入れができる時間には、皮はまだゴムのような状態のはずです。なすごと箸で鱧がすんなり切れるなんて夢物語。素材レベルで、皮と身のバランスをとっているからこそできるワザなのです。身が開いたら、すぐに5秒清湯《きよゆ》します。

吸い地に、醤油は入れません。塩と吟醸酒を少しだけ。全体に少し弱いかなと感じるくらいの味にします。にもかかわらず、鱧を食べるといきなりおいしい。そして、内部のからくりのおかげで、思い通りに食べてもらえる。お椀こそ、料理人の腕の見せどころ。一つのお椀にいくつものドラマがある。それを越えて生まれる料理に醍醐味があります。お椀は修業レベルをかけた真剣勝負なのです。

＊骨切りをし、葛をまぶして湯引きした鱧。

丸吸いヒレ酒

スッポンとふぐ、
両方のおいしさを合体させて。

ふぐ【fugu】

これまた、『龍吟』オープン初日以来、作り続けている料理。スッポン専門店で出てくるスープ酒とふぐのヒレ酒が合体したら、おいしいかなと……。スッポンはスープがいっぱいとれる。そのスープに薄口醤油で味をとり、同割の酒を加えて温めます。ここに、焼いたふぐヒレを入れる。ふぐヒレ酒にスッポンのうまみが加わった感じになります。針しょうがを添えて、極寒の冬の日の前菜の1品目に超熱々をお出しします。スッポンスープでもふぐのヒレ酒でもない。

当時、私は日本酒は苦手だったのですが、こうすると日本酒がおいしく飲めるようになりました。香《かぐわ》しく、ご馳走感が高い。これで、本日の晩餐《ばんさん》のスイッチを入れます。いきなりおいしい、自信作です。この1杯で、「よしっ、これから料理に向かい合おう」という気になる。日本酒は、個人的には、リッチ・フレーバーでコクのあるタイプが好みです。

トリュフ酒

とりゅふ【truffle】

トリュフの香りを堪能する熱燗。

ヒレ酒ならぬトリュフ酒をやってみた。最近、私の料理の中でトリュフを使う機会がめっきり少なくなりました。そんな中、珍しい一品です。骨酒やヒレ酒の延長線上にあり、酒にうまみと香りを移したものです。トリュフ酒のための熱燗《あつかん》は、70℃がベスト。80℃だと飛びすぎ、50℃だとうまみが抽出できない。70℃だとトリュフもおいしくいただける。

トリュフがあると、お客さまは決まって召しあがるので、厚めに切って投入します。熱燗を注いでいるだけなのに、香りがすごい。想像以上です。お正月の食前酒としてよくお出ししますが、これを召しあがっていただいたあとに、「じゃあこれから料理いきますか」という雰囲気になるものです。

料理とは生涯味わえる快感である。

ときには強引に攻め、ときにはソフトタッチでやさしく向かい合う……。素材とのつき合い方は恋愛にも似ています。素材に「オレはこうなんだ」、と自らのチャームポイントをストレートに語らせてあげることもそう。やさしく口説くように加熱しながら、甘みを引き出してあげる、そういう素材との駆け引きだってある。そこに、料理人とお客様との駆け引きも加わる。料理屋というところには、料理を巡る、さまざまな生理的・本能的な欲求が渦巻いているのです。料理人と素材の間で繰り広げられる皿の上の秘め事!? というのは冗談だとしても、快楽を求める究極の形ではないでしょうか。そうして作られた料理は、お客様の快感を高めるツールとなります。ところが、そんなふうにお客様にご満足いただこうと料理を作っているにもかかわらず、働いている側は重労働ですり減っている。多くの現場で、そうしたギャップが生じています。お客様の快感まで操れる立場なのに、すべてはお客様のためにあるはずなのに、作っている側が快感に浸れない。はたして、それでよいものが作れるのでしょうか。

　これからの料理人の成功は、あらゆる分野、あらゆる方面で認められなければならない。哲学者として、あるいは物理学者として、また、クリエイターとして、モノ作りの職人として、もちろんシェフとして、ありとあらゆるクリエイティブなことにかかわるすべての業種……作曲家や写真家、建築家や画家といった、アーティストとしてのカテゴリーの中に料理人がある……そういう考えのもとに世界を広げ、多方面から自分を見てもらったり、認められたり、友達になったり、助言を受けたり、共通項目を探したり。もちろん、勉強を重ねることで心も育つと思うのです。

　料理人の夢はまだまだ広がるはずです。もっといろいろなところに出かけ、大きな世界で夢を見よう。幅広い勉強がクリエイティブな心を育ててくれます。知らない世界を吸収することはムダにはなりません。さまざまな方々から支持されることが成功に近づく鍵になると思います。最終的には人間性なのかもしれませんね。料理人のステータスを上げること、これも、今、料理人である我々の使命です。子供たちが、将来あんな大人になりたいと、憧れの対象になる料理人が出てくれば、日本料理を志す人たちは必ず増えていきます。料理人として、自分たちをもっともっとブラッシュアップしていく。その可能性を打ち出して、夢を与え続けていける職業にできたら……。

　料理を作る専門家ではありますが、心の中ではもっと広い世界を生きている。そんな料理人でありたい。日本料理は、日本人のもてる「本物」の一つ。そんなふうに家や学校の教室や友達同士の間で、子供たちに語ってもらえるよう、将来性があり、夢のある仕事として指折り数えてもらえる「職業の一つ」になってほしい。私は、そう願ってやみません。

卵の卵かけ

きゃびあ【caviar】

口の中が幸せでいっぱいに。世界一の贅沢卵かけご飯。

キャビアはカスピ海産天然ベルーガ。世界が認めた本物の味わいですから、中途半端なことはできません。あたりまえですが、使うなら必ず本物を使え、です。キャビアだけではなく、トリュフも同じ。サマートリュフに私は興味ありません。

このキャビア、塩分濃度3％以下。薄味です。保存用ではなく、最高級のマロッソル[*1]。これ以外使いません。目下、キャビアのおいしさの虜《とりこ》です。キャビアを贅沢《ぜいたく》に食べたい。そこで、ダブル卵かけご飯を作りました。炊きたてご飯に卵黄をまだらに混ぜる。ご飯の熱で卵黄がねっとりしたら茶碗に盛り、薄味のだし醤油[*2]のあんをご飯に少しだけかけて、キャビアを30グラム。塩分濃度の低いキャビアだからこそ、ダブル卵かけご飯が伝わると思っています。ベルーガキャビアは卵黄の味わいそのものですから。一度食べたら病みつきになります。キャビアは冷たい、ご飯は熱々。この温度差が大事。ご飯の熱がキャビアの冷気で冷まされないうちに、お客様の下へ。サービスまでのスピードが求められます。

秒速で作って、秒速でお届けしないと。

アラカルト・メニューでご提供しているのですが、よくハーフポーションで頼めないかというリクエストをいただきます。でも、ちびちび食べずに、この30グラムがベスト。温かみのある塗りのスプーンでがさっとすくって、豪快に……。

スプーン選びは大事なこと。スプーンに味わいを伝える仕事をさせるぐらいのことを我々は狙っているのです。

＊1「薄く塩をした」というロシア語。保存用のキャビアの塩が5％とすると、マロッソルは2〜3％。ねとっと軟らかい。
＊2 だしに濃口醤油を加え、葛でとめてあんにしたもの。

焼き白子トリュフ椀

ふぐしらこ【fugu milt】

**極上の組み合わせを白みそが
やさしくまとめる究極のお椀。**

白子と白みその相性はよい。焼き白子に白みそだけ、上に白髪ねぎをちょっと置いただけでも、しゃれた一品に。

ある年のクリスマス料理として誕生したのがこのお椀。焼き白子の白みそ仕立てです。白みそ汁にトリュフも、何とも色気があっておいしい。白子の茶碗蒸しにトリュフ、これまた、うまい。それから、白子の磯辺焼きののりの代わりに、大きなトリュフスライスではさんでもうまい。このお椀は、そんな相性のいい素材をつないだ、究極のクリスマス・バージョン。ホワイト・クリスマスの趣もあるのですが……。

白子は「絶対に」断面を炭火で焼く。小さな白子だと、断面をあぶることができない。私は表面の膜より、とろっとしている断面のほうに、焦げ目の膜を作るように焼きます。そういう焼き方しかしません。それがおいしいと思っているからなのですが、こうすると、自ずと両端は使えないことになります。焼き白子の香ばしさとトリュフ。冷水でさらして香りをぐっと弱めた白髪ねぎ、それに、昆布と鰹節《かつおぶし》のだしに白みそを溶いたみそ汁。とろんとした白子に妖艶《ようえん》なトリュフの香り。この食感や香りが料理に色気を与えてくれます。

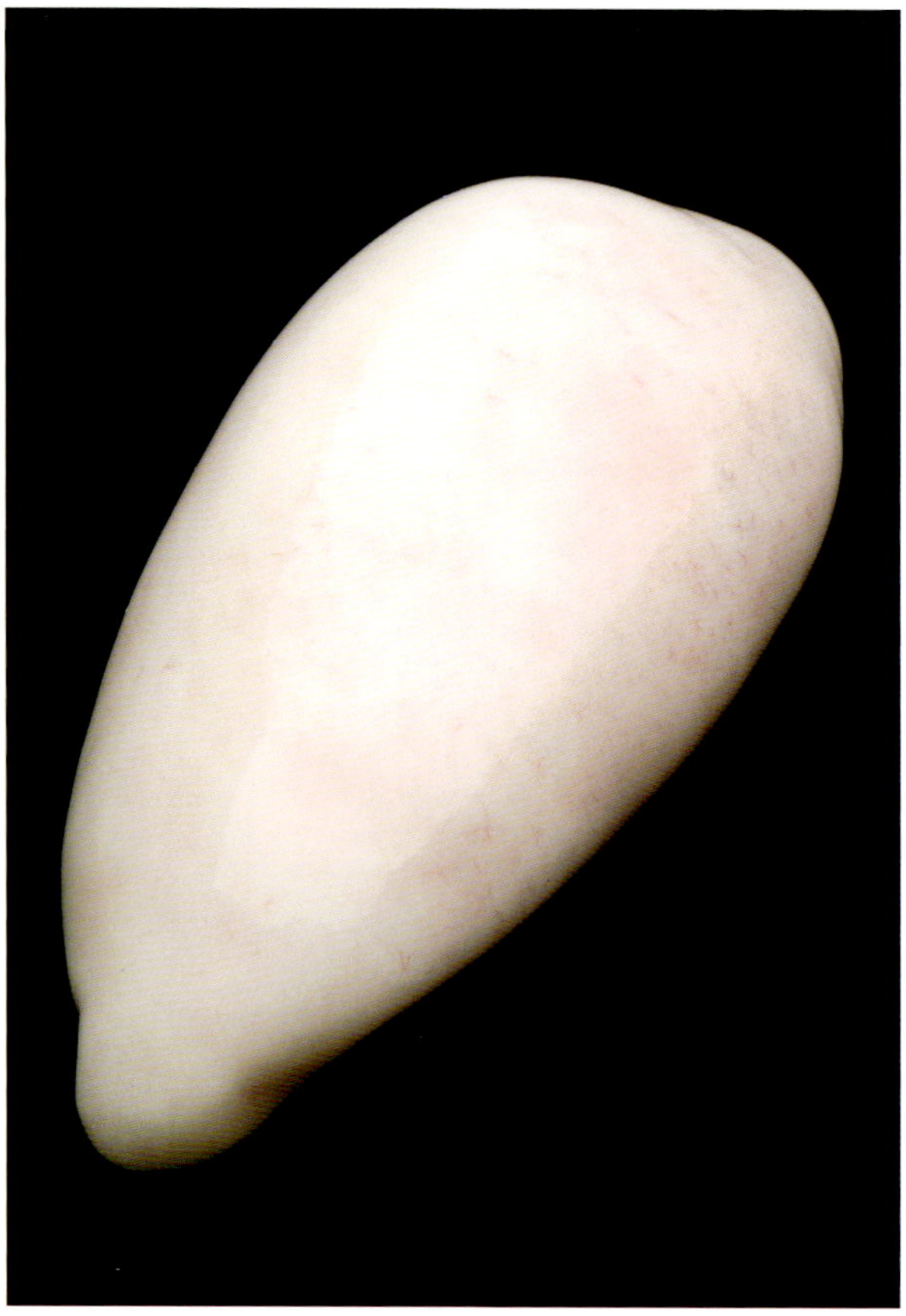

クリスマスは色気のあるものがいい。白と黒のモノトーンの食材でまとめた、大人のクリスマス。銀椀は夏のお椀ですが、銀の輝きがクリスマスにふさわしいと、器の部屋からわざわざ出してきて、よりいっそう磨きをかけて使っています。

華やかさを秘めたお椀。しみじみと味わってください。

焼き白子キャビア　すだちの泡で

しらこ【fugu milt】きゃびあ【caviar】

白子とキャビアの、
このうえない幸せな結婚。

マリアージュ（結婚）の中で、史上最強はこのカップルではないでしょうか。料理界の、最強の男と最強の女のマリアージュ。ふぐの白子とキャビアです。

白子は炭火で断面を焼く。側面は焼きにくいのですが、実は断面はすぐ焼けます。色づきが早いから、火入れも狙える。焼けた香ばしいところと、とろんとした中身のバランス。その中においしさがあります。白子は、この料理だけは大きいほうがいい。大きいのを切って焼きます。ぷるぷる揺れているところを焼いて、焼けた層と、ぷるぷるとろんとした中身を一緒にいただきます。串を打って焼くのですが、焼けたところに醤油を霧吹きでシャシャッと吹きかける。そして、また焼く。炭の上にオイルをたらし、わざと煙をあげて、白子に炭焼きの香りをつける。そこにキャビアをどかっとのせて、すだちの泡を添えます。すだちの搾り汁をたくさん用意して、軽く乳化させ、エアポンプ[*1]のチューブの先にエアストーン[*2]をつけて落とし込み、下から泡を立ち上げて、フレッシュなすだち果汁の泡[*3]（エア）を作ります。キャビアには、よくレモンを添えたりしますが、酸が直接あたると、その面がいきなり酢じめになってしまうためエアで添えるのです。

この料理には、酸は軽いくらいがちょうどいい。スプーンでおもむろにくずしながら、二口で食べるといい。とろんとなった白子とキャビアを一緒に口へ。爽やかなすだちの香りが消えていくとともに、白子とキャビアも消えていく。これもまた「反則料理」かもしれませんが、ベルーガでやると確実においしい。色気のある食材が好きなのだと思います。火入れで、なまめかしさを伝えられて……。そういう機微もわからないと、です。

＊1 金魚などを育てる水槽用のエアポンプを使用。
＊2 水中で泡をブクブクと出す、水槽内に酸素を供給するもの。
＊3 エアポンプで下から泡を入れる技術は2006年にスペインで発表。現在、世界中で取り入れられている。『龍吟』では2005年から。

デジタルとアナログ。

これまで日本料理の技術として伝わってきたこと。その中から、応用や新しい組み合わせを生み出していくのですが、料理を作る目的は同じでも、料理とはまったく別のジャンルから発想を得て、それを料理に当てはめて完成したものがあります。料理の基本とは別に、この世に存在するありとあらゆる物質や理化学機器に料理の技術と完成度を上げる可能性があることは明白です。

こんなものが作りたいと思っていても、今までの日本料理ではそれを再現することがむずかしかった……。たとえば、思い描いている状態がイメージできていたとしても、それがすぐに料理という形にはならなかった。今は、頭の中に思い描いたイメージを形にしていくこと、それを「デジタルな料理」と呼んでいます。これはクリエイティブ路線。

たとえば、液体窒素を使って、マイナス196℃まで冷やすと、あんなこともこんなこともできるかもしれない、と考えていく。それを「デジタル」ととらえます。そもそも火を使って、たんぱく質を変化させることが、すでに科学であり、デジタルの始まりでもあるのです。今まであった技術を進化させ、また、すでにある技術を、「それってこういうことだよね」と、置き換えたり、細分化したりする。そうやって、日本料理を少しずつデジタル化していきたいと思っています。

我々が尊敬する方々、日本文化を築きあげてきた方々、大昔にカリスマ性を発揮した方々、世の天才と呼ばれた方々、無の世界から精神の在り方のみで、一つの世界観を現代に残し、今なお語り継がれる方々……その方々の生きた証《あかし》として、我々に残してくださったものは、今や、そのすべてが日本の宝物になっています。

そこに感謝の限りを尽くし、それを継承し、残していくことの重要性をひしひしと感じる。そして、その方々が、もし現代に生まれ変わってきたとしたら、何を語り、何を仕掛けただろう……。そんなことを想像しながら心の中のタイムマシンを行き来して、我々料理人は、今という時代に何かできないものか、と考える。先人の残してくれたものをなぞってばかりだと、「後輩たちよ、こんなに何でも揃っている時代に生まれてきて、何をしているんだい?」と、言われている気がします。

昔ながらのやり方、「アナログ」のよいところを尊重しながら、我々はデジタル化の歩みも進めていかなくてはならない。私は、それを自分勝手な使命感として胸に抱き、心に燃やして、やり遂げていくしか生きる道がないと「勝手」に思っているのです。

青

いちごあめ

りんごあめ

洋梨あめ

いちごあめ、りんごあめ、洋梨あめ

あめ【fresh fruits candy art】

日本料理の可能性は限りなく広く、深い。

いちごあめ、りんごあめ、洋梨あめ……。

これは、『龍吟』オリジナルのスペシャル・デザートです。

あるとき、お菓子の世界にシュクル・スフレ[*1]なるものがあると知って、すごい技術だなと思いました。こんな技術は日本料理にはないし、日本料理でこんなことをやっている人はまずいないだろう、と。やってみたいとは思いましたが、技術的に、また設備的にむずかしいと判断しました。また、それ以上に、私の中で「理《ことわり》」を探しきることができなかった。これを日本料理でどうやって表現するか。素晴らしいテクニックですし、可能性の片鱗《へんりん》のようなものは感じられましたが、なかなか日本料理に落とすことはできないだろう。どんなふうにしても、パティシエが作る洋菓子のアレンジにすぎない、ということになりそうだ。そう思って、あきらめていたのです。

ところが、久々に訪れたお祭りで、屋台のりんごあめに遭遇。そうだ、日本にはりんごあめがある。あれはまさに、あめでコーティングされたフルーツだ。日本人なら誰もが知っている。あのりんごあめを懐かしい記憶として、ガストロノミー的に表現できないか。シュクル・スフレの中に、りんごを閉じ込めたら、りんごあめになるぞ。よし、落ちた。りんごあめをやろう。

それから、実際にシュクル・スフレを素晴らしい技術をもつプロの方に教わりながら、何度も練習を重ね、丸く作ることから始めました。丸くできるようになれば、ちょっとへこませたらりんごになる。では、中に何を入れるか。りんごそのものを入れると水分であめが壊れてしまう。あめは湿度にとても敏感なのです。液体ものを入れるのはむずかしい。入れるなら泡か粉末しかない。自分では、りんごのシャーベットかアイスクリームを入れたいけれど、アイスクリームは水分がありすぎる。では、粉末シャーベットはどうか。

りんごあめのケースの中に焼きりんごの粉末シャーベットを入れる。溶けるまでは、さらさらの水分のない状態の粉末シャーベット。だから、サービスも可能です。ただ、液体窒素はマイナス196℃ですから、液体窒素で作るシャーベットは当然ながら、すごく冷たい。それがぎっしり詰まっていると、口の中が冷たくなりすぎる。そこで、クランブル[*2]やロイヤルティーヌ[*3]をシャーベットの中にしのばせる。ちょうど煎餅《せんべい》のかけらを入れているようなもので、冷たいものでも、口にあたるときに隙間ができて、冷たくなりすぎない。ざくざくしたテクスチャーが生まれるし、冷たさの感じ具合がまったく異なる。粉末が口の中で、うまくまとまってくれるのです。

粉末シャーベットは、液体窒素によって凍結したものを粉砕したもの。さらさら状態です。口の中に入って、温度が上がると、その「さらさら」は溶けるのではなく、逆にシャーベット状にまとまっていく方向になる。つまり、巻き戻し再生のようなことが起こる。このテクスチャーがおもしろいのです。

このあめ、お出ししてすぐ、お客様に「破壊」していただきます。そこに熱々のものをかける。そのままだと冷たいけれど、熱いものをもってくると温度のコントラストが楽しめる。あめの中には、フルーツのシャーベット。上には同じフルーツの炊きたてジャム。シャーベットはマイナス196℃。熱々ジャムは約100℃。温度差は300℃近くあるわけです。その差を体感できる。ジャムを合わせることで、季節のフルーツの素材感も出るようになった。これは屋台のりんごあめをガストロノミー的に進化させたものですよ、というところに落ちた。自分の料理の中で「理」を後づけしたのは、後にも先にも、これだけかもしれません。

この考えができるようになって、四季折々のフルーツのあめを作るようになりました。桃、ぶどう、マンゴーにレモン……。柚子も作った、トリュフも作った……。いろいろなものが完成しています。ただ、これを実現するのは大変なことです。液体窒素でシャーベットを作る設備、あめ細工をする設備が必要なうえに、技術をマスターするのが一苦労。それだけではありません。夏場は、あめは湿《し》気《け》るため、砂糖から考えなくてはならない。

技術的にはもちろん、サービス、オペレーションも大変。でも、それをほんとうにやることが大切なのです。このあめは、キッチン全体に、これを完成度の高い状態で出そうという総意がないと出せません。キッチンとサービスの連動、連携も重要になってくる。なにしろ、お造りをひいたり、炭火で魚を焼いたりしながら、その傍らで、あめを作り、サービスしていくわけです。

お出しするタイミングでお客様が離席してしまったら、作り直しはあたりまえ。ですが、これは私の中での憧れでもありました。こんなことができる、あんなことができる、というと、よく否定的なことを言われます。あれもこれもやることで、一つの道を極めることができなくなる。そう言われます。しかし、現代において、そんな世界時計に合わない考えは打破したい。可能性があるならば、何とかして日本料理に取り込もうと努力することが必要ではないのでしょうか。その可能性に向かい合おうとする心こそ、夢や思いを形にする、たった一つの「実」となるのです。

今、このフルーツあめは、姿形を変えながら、毎日、お客様に喜んでいただいています。私の憧れが、目の前で現実となっている。可能になっているのです。何度も言いますが、これはキッチンもサービスも、すべてのスタッフの理解がないとできないこと。これは、究極のア・ラ・ミニッツなのです。

あめを極限まで薄くして、果物そっくりに模して、遊び心を一生懸命に込めたデザート。何となくやっているのではなく、完成度が命です。極限まであめを薄くする技術と、温度感を確実に伝えるライブ感、サービススタッフとの連携オペレーション……これらのすべてが整わないと、実際には出せません。ゲストにそのパフォーマンスができるかどうかは、チーム全体の理解、クリエイティブを表現しようという、みんなのコンセンサスが必要なのです。

*1 あめ細工の一種で、煮詰めたあめを専用のポンプで、空気を送り込みながらふくらませる技法。ガラス細工に近い。
*2 サクサク、カリカリの焼き菓子。ぽろぽろした生地を焼きあげたもの。
*3 クレープ生地をカリカリに焼きあげた、製菓用の素材。

自分と戦う、世界と戦う。

料理について語るとき、私は常々「こうでなくては絶対ダメ」という言い方をしたことはありません。今現在、自分が到達した中で、このプロセスが私の中で最高だと思う、と言っているだけです。自分で検証して確信を得ていることには責任ももてますが、自分の検証していないことを先人たちの語ってきた言葉や知恵をそのまま借りて、日本料理の常識を、自ら一度たりとも検証せず、さも自分が発見したかのように弟子やお客様に話すことが私は大嫌いです。すでに当たり前になっていることでも、もしかしたら、もっと別のやり方があるのではないかと常に考えることが、今を生きる料理人の本分だと思っているからです。

基本をなぞる。それが「よし」とされる。それは日本料理の大きな欠点だと思います。基本は習得するもので、精神支配を受けるものではありません。大事なのは、自分が作りたい料理のイメージをもつこと。自ら描くあらゆる料理の状態を形に変えられるために、基本を習得したわけですから……。

お客様は何を求めて日本料理屋に来てくださるのか。フランス料理は外国の文化ですから、今日はどんな世界を見せてくれるのかということが、楽しみなのだと思います。さらなる感動を求め、今まで知らなかった体験をしたいはず。でも、日本料理屋は「やっぱりこうだよね」とお客様の心に何か落ち着くものを与える必要がある。そう……。安心感を求められるのです。

それがわかっているにもかかわらず、私は随分と長い間、自分のクリエイションを押し出してきました。世界中の料理学会から代表として招聘《しょうへい》され、世界の料理界を見るにつけ、心の中でありとあらゆるものと戦ってしまい、知らず知らずのうちに、そうなってしまっていたのです。でもそれは、お客様には何の関係もないことでした。店は自分のクリエイションのステージではない。それよりも、お客様の心の中で、日本料理の存在価値を満たしてあげられることこそ、満足につながる。クリエイションだけでは、独りよがりにすぎないのだ。それに気づくまでに、私は多くの時間を費やしました。しかし、あれもこれも、いろいろなことをほんとうに自分でやってきたからこそ、真実の価値とその重みがよりわかったと思います。可能性の道を選び、遠回りすることは、それだけ多くの景色を見てきたということでもありますから。

改めて、そんなことを自分の心の中に再認識し始めた頃、私は自らが作りあげる料理の完成度に自問自答しながら、今まで以上に、しっかりと日本料理の本質に向かい合おうと思うようになりました。なにしろ、日本は世界に誇る素材王国なのですから。

オリジナルを貫くがゆえに、これまで、自分はクリエイションに執心していて、素材の豊かさを表現できる料理は、それこそ修業したレベルでもっているものしか、独立してから作れていなかったのではないか。料理において修業先のコピーをやらないことは貫いても、精神修行はコピーレベルにも達していなかった。こんなことを日々考えながら、私は今に至るまで、苦労というより、長い苦悩があったのです。

日本料理 龍吟

龍吟 ● 東京都千代田区有楽町1-1-2 東京ミッドタウン日比谷7F tel:03-6630-0007 URL http://www.nihonryori-ryugin.com/ja/ 17:30〜20:00 LO、不定休

山本征治 やまもと・せいじ

1970年、香川県生まれ。日本料理の伝統及び基本技術を、長年の修行で徹底修得した後、2003年12月、33歳で東京・六本木に『日本料理 龍吟』を開店。「日本料理のこれからの進化と可能性」を自らのテーマに掲げる。

2004年以来、スペインをはじめヨーロッパ各地、アメリカの料理学会にたびたび招聘《しょうへい》され、日本代表として数々の斬新でクリエイティブな技術を発表し続けている。最近では、『龍吟』で生まれた新たな技術をインターネットで配信するなど、世界の飲食業界に寄与、貢献する活動もおこなっている。

2012年、故郷・香川県の委託により、名誉大使「KAGAWA アンバサダー」に就任。同年春、「日本料理を世界の共通言語に」という目標のもと、香港ICCビル101階に初の支店『天空龍吟』を開店。2014年10月、台湾・台北市に『祥雲 龍吟』グランドオープン。2018年8月には、六本木から東京ミッドタウン日比谷7階部に『日本料理 龍吟』をリニューアルオープンさせた。

日《に》本《ほん》料《りょう》理《り》 龍《りゅう》吟《ぎん》

著　者　山本征治
発行者　高橋秀雄
印刷所　凸版印刷
発行所　高橋書店
〒112-0013 東京都文京区音羽1-26-1
電話03-3943-4525
ISBN978-4-471-40046-0

本書の内容についてのご質問は「書名、質問事項(ページ、内容)、お客様のご連絡先」を明記のうえ、郵送、FAX、ホームページお問い合わせフォームから小社へお送りください。
回答にはお時間をいただく場合がございます。また、電話によるお問い合わせ、本書の内容を超えたご質問にはお答えできませんので、ご了承ください。本書に関する正誤等の情報は、小社ホームページもご参照ください。

●内容についての問い合わせ先
書面　〒112-0013 東京都文京区音羽1-26-1 高橋書店編集部
FAX　03-3943-4047
メール　小社ホームページ お問い合わせフォームから
(https://www.takahashishoten.co.jp/)
●不良品についての問い合わせ先
ページの順序間違い・抜けなど物理的欠陥がございましたら、電話03-3943-4529へお問い合わせください。
ただし、古書店等で購入・入手された商品の交換には一切応じられません。

アート・ディレクション　木村裕治
デザイン　川﨑洋子(木村デザイン事務所)
写真　鍋島徳恭
編集　渡辺紀子
プリンティングディレクター　十文字義美(凸版印刷)